CW01676584

Erich Fried

Erich Fried

Ein Leben in Bildern und Geschichten

Herausgegeben von Catherine Fried-Boswell
und Volker Kaukoreit

Verlag Klaus Wagenbach Berlin

© 1996 Verlag Klaus Wagenbach, Ahornstraße 4, 10787 Berlin.
Einbandgestaltung Rainer Groothuis unter Verwendung eines Fotos aus dem Archiv Catherine Fried-Boswell, London. Gesetzt aus der Korpus Quadriga (Berthold). Reproduktionen von City-Repro, Berlin. Gedruckt auf chlorfreiem Papier durch die Druckerei Wagner, Nördlingen. Gebunden von Clausen & Bosse, Leck. Bucheinbandstoffe von Herzog, Beimerstetten.
Printed in Germany. Alle Rechte vorbehalten.
ISBN 3 8031 3585 0

1921
6. Mai: Erich Fried wird als einziges Kind des Spediteurs Hugo Fried (1890–1938) und der Grafikerin Nellie Fried, geb. Stein (1896–1982), in Wien geboren. Die Familie lebt in der Wohnung der Großmutter (Malvine Stein) in der Alserbachstr. 11, Wien IX.

1926
»Wunderkinderzeit«: Auftritte (bis 1927) mit einer Kinderschauspielgruppe auf verschiedenen Bühnen Wiens und in der Umgebung.

1927
15. Juli: »Blutiger Freitag« in Wien.
September: Einschulung in die Volksschule Alserbachstr. / Ecke Marktgasse.

1931
Schulwechsel zum Bundesgymnasium Wien IX (Wasagasse 10).

1934
»Februarkämpfe« in Wien.
1. Mai: Einführung der Ständestaat-Verfassung in Österreich (unter der Kanzlerschaft von Engelbert Dollfuß).

1937
Der sechzehnjährige Gymnasiast beschäftigt sich mit ›Erfindungen‹, wobei es ihm gelingt, ein Verfahren zur Glühlampenherstellung patentreif zu machen.

1938
12. März: Besetzung Österreichs durch deutsche Truppen.
Ende März: Gründung einer Widerstandsgruppe.
24. April: Verhaftung der Eltern wegen »Vorbereitung zur Devisenverschiebung ins Ausland«.
6. Mai: Auflösung des Wasa-Gymnasiums, Separierung der jüdischen Schüler. Fried erhält ein Abgangszeugnis.
24. Mai: Haftentlassung Hugo Frieds. Er stirbt am Abend an den Folgen eines Gestapo-Verhörs.
Juli: Der Familie wird die Wohnung in der Alserbachstraße gekündigt.
4. August: Flucht über Belgien nach England.

1939
Anstellung beim »Jewish Refugee Committee«.
Frühjahr: Gründung der Selbsthilfegruppe »Emigrantenjugend«. Erich Frieds Mutter kommt nach London.
Winter: Engagement in den hauptsächlich von Kommunisten aufgebauten Flüchtlingsorganisationen »Austrian Centre« und »Freier Deutscher Kulturbund« (FDKB).

1940
Erste Gedichte in Exilzeitschriften.

1941
Oktober: Die österreichische Exil-Bühne »Laterndl« führt in London Frieds Einakter *Ring-Rund* auf (Regie: Martin Miller).

1943
26. März: Tod der Großmutter Malvine im Konzentrationslager Auschwitz.
12. Oktober: Einer der besten Freunde im Londoner Exil, der junge österreichische Emigrationsdichter Hans Schmeier, begeht Selbstmord.
Spätherbst: Austritt aus dem Kommunistischen Jugendverband Österreichs.

1944
Es erscheinen die englischsprachige Widerstands-Broschüre *They fight in the dark* und der Gedichtband *Deutschland*.
15. Januar: Erste Ehe mit Maria Marburg.
31. Mai: Geburt des Sohnes Hans.

1945
Es erscheint der Gedichtband *Österreich*.
Mitarbeit bei dem vom englischen Central Office of Information herausgegebenen Magazin »Neue Auslese« (bis 1949).

1946
Intensive Arbeit am Roman *Ein Soldat und ein Mädchen* (Einzeltexte dazu bereits früher).
Mitarbeit bei der vom englischen Central Office of Information herausgegebenen Illustrierten »Blick in die Welt«.
Trennung von Maria Marburg (Scheidung 1952).

1947
Es erscheinen die Gedichtzyklen *Die Genügung* und *Wanderung*.
Auf Initiative von Erich Fried findet sich in London eine Gruppe exilierter jüdischer Schriftsteller zusammen (bis 1949/50). Dazu gehören im Mittelpunkt Franz Baermann Steiner, Hans W. Cohn, Hans Eichner und H. G. Adler.

1949
Redakteur der Zeitschrift »Blick in die Welt« (bis 1950).

1950
Regelmäßige freie Mitarbeit beim »German Service« der BBC.

1952
Festanstellung als »Programme Assistant« des »German Service« der BBC (vorwiegend politische Kommentare).
17. Oktober: Heirat mit Nan Spence-Eichner.

1953
Reise nach Berlin (erster Besuch des europäischen Festlandes nach 1938).

1954
10. März: Deutschsprachige Erstsendung der Hörspielfassung von Dylan Thomas' »Under Milk Wood« in der Übersetzung von Erich Fried (BBC/»German Service«).
20. September: Deutsche Erstsendung der Hörspielfassung von Dylan Thomas' »Under Milk Wood« in der Übersetzung von Erich Fried (NWDR).

1955
Mitarbeit an der von Alfred Andersch herausgegebenen Zeitschrift »Texte und Zeichen« (bis zu ihrem Ende 1957).

1956
22. Dezember: Schiller-Theater Berlin: Premiere der deutschsprachigen Erstaufführung von *Unter dem Milchwald* von Dylan Thomas in der Übersetzung Erich Frieds.

1958

Es erscheinen die *Gedichte*, Frieds erster selbständiger Lyrikband in Deutschland (mit Texten aus den Jahren 1946 - 1957).
20. Februar: Deutsche Erstsendung des Hörspiels *Die Rückkehr* von Dylan Thomas in der Nachdichtung Erich Frieds (NDR).
4. August: Geburt des Sohnes David.
2. November: Deutsche Erstsendung von *Kesselflickers Hochzeit* von John R. Synge in der Bearbeitung und Übersetzung Erich Frieds (NDR).

1959

Es erscheint *Ein verdienter Staatsmann* von T.S. Eliot in der Übersetzung Erich Frieds.
15./17. April: Deutsche Erstsendung von *Der Doktor und die Teufel* von Dylan Thomas in der Übersetzung Erich Frieds (zweiteilig; NDR).

1960

Es erscheint der Roman *Ein Soldat und ein Mädchen.*
30. März: Erstsendung des Hörspiels *Izanagi und Izanami* (NDR).

1961

16. Mai: Geburt der Tochter Katherine.

1962

Nan Fried verläßt ihren Ehemann (Scheidung 1965).
Aufführung der Übersetzung von John Whitings *Die Teufel* am Schiller-Theater in Berlin.
Es entstehen die ersten Gedichte des Bandes *und Vietnam und.*
12. Januar: Erstsendung des Hörspiels *Die Expedition* (NDR).
22. Februar: Stadttheater Basel: Deutschsprachige Erstaufführung von *Der Tanz des Sergeanten Musgrave* von John Arden in der Übersetzung Erich Frieds.
April: Erste (offizielle) Wiederbegegnung mit Wien seit der Flucht auf Einladung von Wolfgang Kraus (Leiter der Österreichischen Gesellschaft für Literatur).

1963

Es erscheint der Band *Reich der Steine* mit Gedichtzyklen aus den Jahren 1947 - 1963.
9. Mai: Erste Aufführung einer Shakespeare-Übersetzung: In Bremen inszeniert Peter Zadek den *Sommernachtstraum.*
Oktober: Erste Lesung vor der »Gruppe 47« auf der 25. Tagung in Saulgau bei Ulm.

1964

Es erscheinen die Gedichtbände *Warngedichte* und *Überlegungen.*
23. Januar: Uraufführung der Übersetzung von Shakespeares *Das Leben von König Heinrich V.* in Bremen.
13. August: Uraufführung der Übersetzung von Shakespeares *Die lustigen Weiber von Windsor* bei den Salzburger Festspielen.
September: Teilnahme an der 26. Tagung der »Gruppe 47« in Sigtuna / Schweden.
Dezember: Braunschweig: Premiere von *Die Heiden* von Jakov Lind in der Übersetzung Erich Frieds.

1965

Es erscheint der Kurzprosaband *Kinder und Narren.*
13. April: Uraufführung der Übersetzung von Shakespeares *Romeo und Julia* in Heidelberg.
10. August: Heirat mit Catherine Boswell.
28. Oktober: Geburt der Tochter Petra.
November: Teilnahme an der 27. Tagung der »Gruppe 47« in Berlin-Wannsee.
13. November: Verleihung der Fördergabe des »Schiller-Gedächtnispreises« des Landes Baden-Württemberg im Stuttgarter Neuen Schloß.
Dezember: Mitunterzeichnung der »Erklärung über den Krieg in Vietnam«. (in »konkret«).

1966

Es erscheint der Gedichtband *und Vietnam und.*
12. Februar: Uraufführung der Übersetzung von Shakespeares *Julius Caesar* in Wiesbaden.
April: Teilnahme an der 28. Tagung der »Gruppe 47« in Princeton, USA.
2. April: Erstsendung des Hörspiels *Indizienbeweise* (NDR).
16. April: Uraufführung der Übersetzung von Shakespeares *Viel Getu' um Nichts* in Heidelberg.

1967

Es erscheint der Gedichtband *Anfechtungen* mit dem bald heftig umstrittenen Gedicht *Höre, Israel* gegen die Politik Israels im Sechstagekrieg.
5. März: Hamburgische Staatsoper: Uraufführung des von Alexander Goehr vertonten Fried-Librettos *Arden muß sterben.* Nach der Vorstellung großer Applaus (über 30 Vorhänge). Einige Zuschauer, die sich politisch provoziert fühlen, reagieren mit scharfen Protestrufen.
14. März: Uraufführung der Übersetzung von Shakespeares *Hamlet* in Heidelberg.
April: Reise nach Polen; unter anderem Besuch des ehemaligen Vernichtungslagers Auschwitz-Birkenau. Ins Besucherbuch der Gedenkstätte notiert Erich Fried am 17.4.1967: »Ich habe gesehen, was ich gewußt habe - und noch mehr. Ich werde es nicht vergessen und ich werde helfen, daß es nicht vergessen wird.«
30. Juni: Uraufführung der Übersetzung von Shakespeares *Zwei Herren aus Verona* in einer Fernsehfassung des Südwestfunks.
30. September: Uraufführung der Übersetzung von Shakespeares *Richard III.* in Krefeld.
Oktober: Teilnahme an der 29. und letzten Tagung der »Gruppe 47« im Landgasthof »Pulvermühle« (Oberfranken).

1968

Es erscheinen die Gedichtbände *Befreiung von der Flucht* und *Zeitfragen.*
Januar: Entschluß, die BBC-Tätigkeit aufzugeben.
Februar: Teilnahme am »Vietnam-Kongreß« in der TU Berlin am 17.2. und an der abschließenden Großdemonstration (18.2.).
24. Februar: Uraufführung der Übersetzung von Shakespeares *Perikles* in Bochum.

1968

11. April: Attentat auf Rudi Dutschke.
Mai: Kundgebung gegen die Notstandsgesetze im Bonner Hofgarten. Teilnehmer u. a.: Heinrich Böll (»Radikale für die Demokratie«), Erich Fried, Prof. Ridder, der SDS-Vorsitzende K. D. Wolff.
6. Juni: Uraufführung der Übersetzung von Shakespeares *Zwölfte Nacht oder Was ihr wollt* in Heidelberg.
Dezember: Gretchen Dutschke wohnt vorübergehend in Frieds Londoner Wohnung. Mit Frieds Unterstützung gelingt es, Rudi Dutschke eine Einreisegenehmigung nach Großbritannien zu verschaffen.

1969

Es erscheint der Gedichtband *Die Beine der größeren Lügen.*
Nach zahlreichen Umzügen seit seiner Ankunft in London bezieht Erich Fried das Haus 22 Dartmouth Road (NW 2), in dem er bis zu seinem Tod wohnt.
17. April: Uraufführung der Übersetzung von Shakespeares *Richard II.* in Braunschweig.
21. September: Geburt der Zwillingsbrüder Klaus und Tom.

1970

Es erscheint der Gedichtband *Unter Nebenfeinden.*
Teilnahme am Wiener Alternativfestival »Arena 70«.
19. Januar: Premiere der Bearbeitung der *Bacchantinnen* von Euripides bei der Eröffnung des Neuen Schauspielhauses Düsseldorf.

1971

Teilnahme am Festival »Poetry International« in Rotterdam.
Januar: Protest gegen die Ausweisung Rudi Dutschkes aus Großbritannien. Ironische Widmung der *Othello*-Übersetzung für Innenminister Maudling vom 8. 1. 1971.
29. April: Uraufführung der Übersetzung von Shakespeares *Verlorene Liebesmüh* in Braunschweig.
26. August: Uraufführung der Übersetzung von Shakespeares *Antonius und Kleopatra* in Düsseldorf.

1972

Es erscheint der Gedichtband *Die Freiheit den Mund aufzumachen.*
8. April: Uraufführung der Übersetzung von Shakespeares *Othello* in Hannover und Uraufführung von *Wie es euch gefällt* in Düsseldorf.
25. Mai: Uraufführung der Übersetzung von Shakespeares *Maß für Maß* in Köln.

1973

22. März: Übergabe des »Würdigungspreises für Literatur 1972« im Palais Palffy in Wien.
10. Mai: Uraufführung von Walter Steffens Opernbearbeitung von Dylan Thomas' »Under Milk Wood« (in der Übersetzung von Erich Fried) in der Hamburgischen Staatsoper.
Oktober: Teilnahme am »Literatursymposium 1973« zum Thema »Zweifel an der Sprache« in Graz. Erich Fried trägt den Zyklus *Zweifel an der Sprache* vor.

1974

Mitgliedschaft im P. E. N. Bundesrepublik Deutschland.
Es erscheinen die Gedichtbände *Höre, Israel!* und *Gegengift.*
24. Januar: Prozeß in Hamburg wegen angeblicher Beleidigung der Berliner Polizei in einem Leserbrief an den »Spiegel«. Freispruch.
Februar: Sachverständiger im Berliner Beleidigungsprozeß gegen Klaus Wagenbach. Freispruch (Verurteilung in zweiter Instanz).
April: Sadler's Wells Theatre, London: Englische Erstaufführung des von Alexander Goehr vertonten und von Geoffrey Skelton übersetzten Fried-Librettos *Arden must die* (*Arden muß sterben*).

1975

Es erscheint der Kurzprosaband *Fast alles Mögliche.*

1976

Mai: Teilnahme an den Frankfurter »Römerberggesprächen« zum Thema »Literatur – Opium ohne Volk«. Erich Fried hält die Rede *Literatur und Politik.*
15. Mai: Beisetzung von Ulrike Meinhof in Berlin. Verlesung eines Telegramms von Erich Fried, der, obwohl kein Anhänger der »Roten Armee Fraktion«, Ulrike Meinhof als »größte deutsche Frau seit Rosa Luxemburg« bezeichnet.

1977

Es erscheinen die Gedichtbände *Die bunten Getüme* und *So kam ich unter die Deutschen.*
Januar: Lehrauftrag an der Universität Gießen.
16. Februar: NDR-Rundfunkrezension des »Weißbuch zur Rettung der Sprache« (München 1976).
28. März: Öffentlicher Protest gegen die behördliche Verfolgung des Hamburger Rechtsanwalts und Verteidigers im Stammheim-Prozeß Kurt Groenewold. An der Hamburger Universität hält Fried die Rede *Der Fall Kurt Groenewold und die BRD.*
7. April: Ermordung des Generalbundesanwalts Buback.
13. Mai: »Die Zeit« und die »Frankfurter Allgemeine Zeitung« greifen das Gedicht *Auf den Tod des Generalbundesanwalts Siegfried Buback* an.
Juni: Rede zum 10. Jahrestag der Ermordung Benno Ohnesorgs auf einer Großdemonstration in Berlin.
14. Juli: Im Kieler Landtag droht Ministerpäsident Gerhard Stoltenberg mit der Aufkündigung des NDR-Staatsvertrages zwischen Hamburg, Niedersachsen und Schleswig-Holstein und nennt als Beispiel für die von ihm behauptete linkstendenziöse Haltung des Senders die im Februar ausgestrahlte »Weißbuch«-Rezension von Erich Fried, »dessen skandalöses Gedicht nach der Ermordung des Generalbundesanwalts Buback in der demokratischen Öffentlichkeit nur Verachtung gefunden hat«.
Oktober: Die CDU legt eine »Dokumentation« über Zitate zum Terrorismus vor, deren Kapitel »Agitation gegen den freiheitlichen Rechtsstaat« auch Zitate von Erich Fried enthält.
Öffentliches Eintreten für die Vorbereitungen des »Dritten Internationalen Russell-Tribunals« über die Wahrung der Menschenrechte in der Bundesrepublik Deutschland.

1977

12. Oktober: Verleihung des »Internationalen Verlegerpreises der Sieben« auf der Frankfurter Buchmesse.
3. November: Mißbilligungsantrag der CDU in der Bremer Bürgerschaft gegen Fried-Gedichte im Schulunterricht. Der Vorsitzende der CDU-Fraktion Bernd Neumann erklärt: »...so etwas würde ich lieber verbrannt sehen ...«.
28. November: Schreiben des bayerischen Staatsministeriums für Unterricht und Kultus an einen Dortmunder Schulbuchverlag. Für die erneute Zulassung eines Deutsch-Lesebuches in Bayern wird die Herausnahme bzw. Ersetzung von Texten Erich Frieds, Günter Wallraffs, Wolf Biermanns und Hubert Fichtes gefordert.
Dezember: Öffentlicher Protest gegen die angedrohte Suspendierung des Hannoveraner Psychologie-Professors Peter Brückner wegen dessen Mitverbreitung des »Buback-Nachrufs« des Göttinger »Mescalero«.

1978

Es erscheint der Gedichtband *100 Gedichte ohne Vaterland*.
Januar: Teilnahme am »Vierten Literaturgespräch« in Bremen zum Thema »Gewalt als Provokation der Literatur«.
13. April: NDR-Sendung: »Werkstatt *Finnegans Wake*. James Joyce, übersetzt und interpretiert von Erich Fried«.
29. Dezember: Festveranstaltung zum 70. Geburtstag von Helmut Gollwitzer in der FU Berlin. Erich Fried hält die Rede *Wie sah der antifaschistische Kampf aus und wie sollte er heute aussehen*.

1979

Es erscheinen die *Liebesgedichte*.
12. Januar: Münsteraner Diskussionsveranstaltung über die Nichtgenehmigung eines Seminars über P. P. Zahl. Erich Fried hält die Rede *Über die Relevanz von Schriftstellern*.
27. Januar: Uraufführung der Übersetzung von Shakespeares *Troilus und Cressida* in Zürich.
4. Mai: Festspielinszenierung der Ruhrfestspiele in Recklinghausen: *Lysistrata* in der Übersetzung und Bearbeitung Erich Frieds (Regie: Heinz Engels).
9. Juni: Kleines Haus der Städtischen Bühnen Dortmund: Premiere von *Die Piratinnen* von Steve Gooch in der Übersetzung Erich Frieds.
28.–30. Juni: Teilnahme am »Primo festival internazionale dei poeti« (Rom/Castelporziano).
15. September: Uraufführung der Übersetzung von Shakespeares *Der Kaufmann von Venedig* in Bielefeld.

1980

Januar: Teilnahme an der Beisetzung Rudi Dutschkes in Berlin.
April: Teilnahme am 3. Österreich-Gespräch über Literatur »Vom Schreiben und vom Lesen« in Wien. Erich Fried hält den Vortrag *Zur österreichischen Literatur seit 1945*.
Mai: Teilnahme an den 7. »Römerberggesprächen« in Frankfurt a. M. zum Thema »Die Bundesrepublik Deutschland – Republik ohne Bürger?«.
September: Verleihung des »Preises der Stadt Wien für Literatur«.

1981

Es erscheinen die Gedichtbände *Zur Zeit und zur Unzeit* und *Lebensschatten*.
6. März: Teilnahme am »Ersten Österreichischen Schriftstellerkongreß« in Wien. Erich Fried hält den Vortrag *Die Freiheit zu sehen, wo man bleibt*.
13./14. Dezember: Teilnahme an der Ost-Berliner »Begegnung zur Friedensförderung«.

1982

Es erscheinen die Bände *Das Unmaß aller Dinge* (Kurzprosa) und *Das Nahe suchen* (Gedichte).
Wiedererlangung der österreichischen Staatsbürgerschaft; Erich Fried behält zugleich die britische Staatsbürgerschaft (seit Oktober 1949).
März: Erste Krebsoperation in London. Einige Monate Krankenhausaufenthalt.
6. Juni: Tod der Mutter Nellie Fried.
25. September: Rede auf der Abschlußkundgebung der Demonstration »Israelis raus aus dem Libanon« in Bonn.
10. Dezember: Uraufführung der Übersetzung von Shakespeares *Titus Andronicus* in Hamburg.
Dezember: Teilnahme am 7. Internationalen Autorenseminar der Alten Schmiede in Wien »Über Erich Fried«.

1983

Es erscheinen die Bände *Es ist was es ist* (Gedichte) und *Angst und Trost* (Kurzprosa und Gedichte).
26. Januar: Verleihung des »Bremer Literaturpreises« im Bremer Rathaus. Erich Fried hält die Rede *Ich soll mich nicht gewöhnen*.
Mai: Teilnahme am Symposium »Literatur und Macht« an der Wiener Universität. Erich Fried hält den Vortrag *Was soll und kann Literatur verändern?*
Teilnahme an den Frankfurter »Römerberggesprächen« zum Thema »Kulturzerstörung«. Erich Fried hält die Rede *Warum und zu welchem Zweck betreiben wir Kulturzerstörung?*
28. Mai: Uraufführung der Übersetzung von Shakespeares *Wintermärchen* in Bochum.

1984

Zahlreiche Neuerscheinungen und -auflagen; u. a. *Kalender für den Frieden 1985*, *Beunruhigungen*, *Und nicht taub und stumpf werden*, sowie das Schauspiel *Und alle seine Mörder* und die Schallplatte *Verstandsaufnahme*.
März: Diskussion mit Offiziersanwärtern des österreichischen Bundesheeres in Wiener Neustadt.
10. Juli: Festansprache anläßlich der Veranstaltung »Lion Feuchtwanger/Oskar Maria Graf« in München.
19.–29. Oktober: Lesereise durch Österreich (Stationen sind alle Landeshauptstädte sowie u. a. Villach, Steinfeld, Lienz).
26. Oktober: Rede zum Österreichischen Nationalfeiertag im Wiener Volkstheater. Erich Fried hält die Rede *Einige Worte zu Österreichs kultureller Eigenart*.

1985

Es erscheinen die Gedichtbände *Um Klarheit* und *Von Bis nach Seit* (Gedichte aus den Jahren 1945–1958), ebenso *In die Sinne einradiert* (Gedichte zu Radierungen von Catherine Fried-Boswell).

1985

4.–12. April: Dozentur an der »Deutschen Sommeruniversität« (Toscana).
23. April: Großer Konzerthaussaal Wien. Gemeinsamer Vortrag mit Erwin Ringel zum Thema: »Der Beitrag der Tiefenpsychologie und der Dichtung zum Frieden«.
11. Mai: Uraufführung der Übersetzung von Shakespeares *Der Sturm* im Wuppertaler Opernhaus.
Juli: Zweite Krebsoperation in London. Krankenhausaufenthalt bis Anfang September (Nachbehandlung in Wien von September bis Dezember).
Oktober: Erich Fried erhält das »Goldene Ehrenzeichen für Verdienste um das Land Wien«.
18. November: Teilnahme am Wiener Symposium »Literatur und Öffentlichkeit«. Erich Fried hält die Rede *Veröffentlichungen und Verheimlichungen.*
Dezember: Öffentlicher Streit in Österreich um die Vergabe des »Großen Österreichischen Staatspreises«.

1986

Es erscheinen der Erinnerungsband *Mitunter sogar Lachen*, der Gedichtband *Wächst das Rettende auch?* (mit Grafiken von David Fried) und *Die da reden gegen Vernichtung* (zusammen mit Alfred Hrdlicka und Erwin Ringel).
April: Erste Lesereise durch die DDR anläßlich des Erscheinens des Sammelbandes *Die Umrisse meiner Liebe* (Berlin, Leipzig, Dresden).
29. April: Ehrung im Großen Konzerthaussaal in Wien. Der österreichische Bundeskanzler Sinowatz übergibt Erich Fried den neu eingerichteten »Österreichischen Staatspreis für Verdienste um die österreichische Kultur im Ausland« und hält die Eröffnungsrede. Weitere Reden und Beiträge u. a. von Bruno Kreisky, Hans Mayer, Wolf Biermann, Alfred Hrdlicka, Helmut Qualtinger und Erwin Ringel.
April / Mai: Teilnahme am Wahlkampf gegen den österreichischen Bundespräsidentschaftskandidaten Kurt Waldheim.
Mai: Eröffnung der Ausstellung »Die Vertreibung des Geistigen aus Österreich« in Salzburg. Erich Fried hält die Rede *Die Vertreibung des Geistigen aus Österreich.*
27. Juni: Erneute Teilnahme am Festival »Poetry International« in Rotterdam.
Oktober: Korrespondierendes Mitglied der Deutschen Akademie für Sprache und Dichtung (Darmstadt).
30. November: Lesung *Wider die offizielle Lesart* im Deutschen Theater, Berlin / DDR.
14. Dezember: Verleihung der »Carl-von-Ossietzky-Medaille« in Berlin.

1987

Es erscheinen die Gedichtbände *Am Rand unserer Lebenszeit*, *Wo liegt Nicaragua* (zusammen mit Heinrich Albertz) und *Gegen das Vergessen* (mit Radierungen von Michael Helm).
Verleihung des »Goldenen Schlüssels der Stadt Smederevo« (Jugoslawien).
März: Lesereise durch die DDR (Berlin, Potsdam, Leipzig und Halle).
13. September: Erich Fried hält die Eröffnungsrede beim Internationalen Brucknerfest in Linz.
17. Oktober: Festakt im Darmstädter Staatstheater anläßlich der Verleihung des »Georg-Büchner-Preises«. Laudatio: Herbert Heckmann. Frieds Dankesrede wird mit großem Beifall wie auch mit Pfiffen und Buh-Rufen bedacht. Auf dem anschließenden Bankett in der Orangerie kommt es zum Eklat, als Oberbürgermeister Metzger u. a. von »doppelter Moral« spricht und sinngemäß erklärt, Erich Fried hätte aufgrund seiner überzogenen Kritik an der Bundesrepublik Deutschland den staatlich mitgeförderten Preis nicht annehmen dürfen, woraufhin der Preisträger und mit ihm ein Großteil der geladenen Gäste den Saal verlassen. Rückkehr nach einlenkender Intervention Herbert Heckmanns.
19. Dezember: Als Vorjahrespreisträger hält Erich Fried die Laudatio auf die Mutlanger Richter, denen die »Carl-von-Ossietzky-Medaille« in Berlin verliehen wird.

1988

Es erscheinen die Gedichtbände *Unverwundenes* und *Totenköpfe* (mit Bildern von Adolf Frohner).
20. Januar: Feier in der Universität Osnabrück anläßlich der Verleihung der Ehrendoktorwürde an Erich Fried durch den Fachbereich Sprach- und Literaturwissenschaft.
26. Januar: Festvortrag *Übersetzen oder Nachdichten?* anläßlich der Eröffnung des Studiengangs »Literaturübersetzen« an der Universität Düsseldorf.
August: Der nordrhein-westfälische Kultusminister Hans Schwier (SPD) verteidigt Frieds Gedicht *Wo liegt Nicaragua*, das die NRW-CDU an nordrhein-westfälischen Schulen verbieten will.
16. Oktober: Lesung im überfüllten Deutschen Theater in Berlin / DDR. Anschließend Premiere eines Filmportraits Erich Frieds von Roland Steiner (DEFA).
3. November: Aufnahmen bei »1 Plus«, dem Kulturprogramm der ARD, für die Sendung »Pluspunkte« zum Thema »Reichskristallnacht 1938«. Aus den Dreharbeiten heraus wird Erich Fried in ein Krankenhaus in Baden-Baden eingeliefert.
4. November: Krebsoperation in Baden-Baden. Anschließend mehrere Tage im Koma.
22. November: Erich Fried stirbt.
9. Dezember: Trauerfeier und Beisetzung Erich Frieds auf dem Londoner Friedhof »Kensal Green« (W 10, Harrow Road).

Herkunft und Familie

Trotz vieler neuer Funde im Nachlaß Erich Frieds bleibt in der Familiengeschichte noch manches unklar. Bei den väterlichen Verwandten sprach Fried selbst von mährischen Vorfahren; Tatsache ist jedoch, daß zumindest der Großvater Adolf Fried aus Böhmen kam.

Mütterlicherseits weisen die Spuren hauptsächlich nach Galizien, einem Kronland an der nordöstlichen Grenze der österreichisch-ungarischen Monarchie (heute Südpolen und West-Ukraine). Der Großvater Carl Stein, den Erich Fried nicht mehr kennenlernte, stammte aus einer jüdischen Familie im ostgalizischen Tarnopol. Malvine Stein, geborene Krakauer, die Großmutter, kam aus Stanislau, ebenfalls Ostgalizien. Sie muß um 1870 mit ihren Eltern nach Wien gezogen sein. In diesem Zeitraum begann die große Wanderung galizischer Juden in die Hauptstadt, nachdem Kaiser Franz Joseph I. den Juden volle Bürgerrechte eingeräumt hatte. Allerdings gehörten die Urgroßeltern Isidor Krakauer und seine Frau Rosalia, geborene Ehrenreich, allem Anschein nach nicht zu den vorwiegend ärmeren jüdischen Einwanderern. In Wien brachte es der Arzt Isidor zu einem offenbar recht angesehenen Oberarzt.

Der wichtigere Ahnenzweig für die Familie ging jedoch aus der Linie der Urgroßmutter, den Ehrenreichs, hervor. Wie ein Poesiealbum der Familie belegt, hatten die Ehrenreichs in der ersten Hälfte des 19. Jahrhunderts ihren Hauptsitz in Brody. Die an der russischen Grenze gelegene Handelsstadt war seit Jahrhunderten ein Zentrum jüdischer Kultur und Wirtschaft, verfiel aber Mitte des 19. Jahrhunderts durch Abwanderung und wirtschaftliche Krise zusehends. So kennen wir sie auch aus Beschreibungen von Joseph Roth, der ebenfalls in Brody geboren wurde.

Von Brody aus hat es Frieds Ururgroßonkel Alexander Ehrenreich (den ein Familiendokument im Unterschied zu Angaben Erich Frieds als Cousin von Rosalia angibt) nach Wien geführt, wo er Bankdirektor war. Einen weiteren Ururgroßonkel verschlug es nach Italien: Moses Ehrenreich, zuletzt Oberrabbiner in Rom, wird in der »Encyclopaedia Judaica« (Berlin 1930) als bedeutender Übersetzer jüdischer Texte und Verfasser »hebräischer Gelegenheitsgedichte« geführt. Interessanterweise hat sich Erich Fried zu ihm (soweit bisher bekannt) nie öffentlich geäußert. Dagegen vermerkte er in einem selbst aufgezeichneten Stammbaum einen weiteren Ururgroßonkel, Hermann Ehrenreich, der in der Familienüberlieferung als Ururgroßvater Erich Frieds ausgegeben wurde (vgl. S. 15 und 17). Der Arzt Hermann Ehrenreich war verheiratet mit Betty Reiss (deren Neffe Bürgermeister von Czernowitz war). In der alten Israelitischen Abteilung des Wiener Zentralfriedhofs befinden sich zwei nebeneinander liegende Gräber mit den Namen »Betty« (1822–1899) und »Herrmann Ehrnreich« (gestorben 1883). Unklar ist, ob dies die erwähnten Vorfahren Frieds sind, deren Herkunft die Grabinschrift allerdings nicht mit Brody, sondern Misslitz / Mähren angibt.

In Frieds engerer Familie schienen eher bescheidene Verhältnisse zu herrschen. Großmutter Malvine besaß vor dem Ersten Weltkrieg einen kleinen Schokoladenladen. Der Vater Hugo Fried war Spediteur, dessen Geschäfte nicht gerade florierten; er versuchte sich erfolglos als Schriftsteller und etwas spektakulärer als ›Wunderheiler‹. Finanziell über Wasser gehalten, besonders in Krisenzeiten, wurde die Familie von der Mutter, der Kunstgewerblerin und Modedesignerin Nellie Fried. Auf den Tag genau ein Jahr nach der Hochzeit der Eltern wurde Erich Fried am 6. Mai 1921 in Wien geboren. Die nicht mehr religiös gebundenen Frieds lebten in der Wohnung der Großmutter. Das Wohnhaus befand sich im neunten Wiener Gemeindebezirk, dem Alsergrund, wo viele Juden lebten und fast alle zionistischen Studentenverbände ihre Lokale hatten (die größten Judenbezirke waren Leopoldstadt, Wien II, wo Hugo Fried geboren wurde, und Brigittenau, Wien XX). In der Zwischenkriegszeit bevölkerten annähernd 225 000 Juden die österreichische Metropole, die damals um die 1,8 Millionen Einwohner zählte.

Brody / Galizien
(Postkartenansicht von 1898)

Stanislau / Galizien, der Geburtsort von Erich Frieds Großmutter, hier der Bahnhof (Postkartenansicht, um 1920)

Blick in die Hauptstraße von Brody, die Goldgasse, um 1900

Rosalia Maria Ehrenreich
(* 1844 in Galizien, † ?),
uneheliches Kind von
Maria Caecilia Ehrenreich und
Maximilian August Warbeck,
Brüder: Leo (Hof- und
Gerichtsadvokat in Wien)
und Dionis Ehrenreich.
Onkel mütterlicherseits: Alexander
(Bankdirektor in Wien), Jakob,
Hermann und Moritz (Moses)
Ehrenreich (* 1818 Brody,
† 1899 als Oberrabbiner in Rom)

Isidor Krakauer
(Oberarzt in Wien),
Bruder: Josef Krakauer
(Arzt),
Vater: Hermann Krakauer
(Moral-Philosoph
oder -Theologe)

Adolf (Abraham) Fried,
Kalligraph in
Pišely (Böhmen)

Wilhelmine Reich,
geschiedene Fleischmann
(genannt »Lina«)

Malvine Krakauer
(* 1866 in Stanislau,
† 1943 in Auschwitz),
Schwester: Hermine
(verheiratet mit dem
Konsul Franz Kalina)

Carl (Chaim) Stein
(* 1864 in Tarnopol,
† 1914 in Wien),
Kaufmann (und Arzt?),
Eltern: Hirsch Stein
(Kaufmann) und Jente Waltuch

∞ 1894 in Wien

Hugo Fried
(* 1890 in Wien, † 1938 in Wien)

Nellie Stein
(* 1896 in Wien, † 1982 in London)

∞ 1920 in Wien

Erich Fried
(* 1921 in Wien, † 1988 in Baden-Baden)
∞
1944 Maria Marburg (1909-1987), Sohn Hans (* 1944);
1952 Nan Spence-Eichner (1926-1977),
Sohn David (* 1958), Tochter Katherine (* 1961);
1965 Catherine Boswell (* 1936),
Tochter Petra (* 1965),
Zwillinge Klaus und Tom (* 1969)

(Zusammengestellt von
Beate Hareter und Volker Kaukoreit)

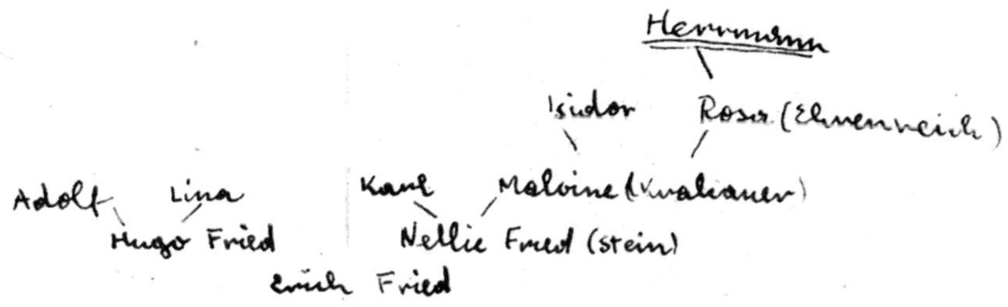

Handschriftlicher Eintrag Erich Frieds (Familienstammbaum) in ein Poesiealbum der Familie, vermutlich Oktober 1938 (Nachlaß)

Ich weiß, mein Ururgroßonkel hat in ein altes Stammbuch meiner Familie hineingeschrieben:

Auf der Berge Wolkenthronen
Ist der Stürme heimisch Haus
Dort wo Fleiß und Ruhe wohnen
Suche du den Wohnsitz aus!
Deine Erde wird dich nähren
Deine Liebe wird Segen seyn –
Lerne was dir versagt, entbehren
Und das Glück kehrt bei dir ein!

Das ist eine typische Biedermeier- und Vormärz-Mentalität, wie sie sich zum Beispiel auch bei Grillparzer in seinem Drama »Der Traum, ein Leben« findet. [1986]

Links Ururgroßonkel Alexander Ehrenreich, Bankdirektor in Wien
Unten Eintrag des Ururgroßonkels in das Poesiealbum der Familie (vgl. S. 15), datiert »Tysmienitz, den 20. August 1840«

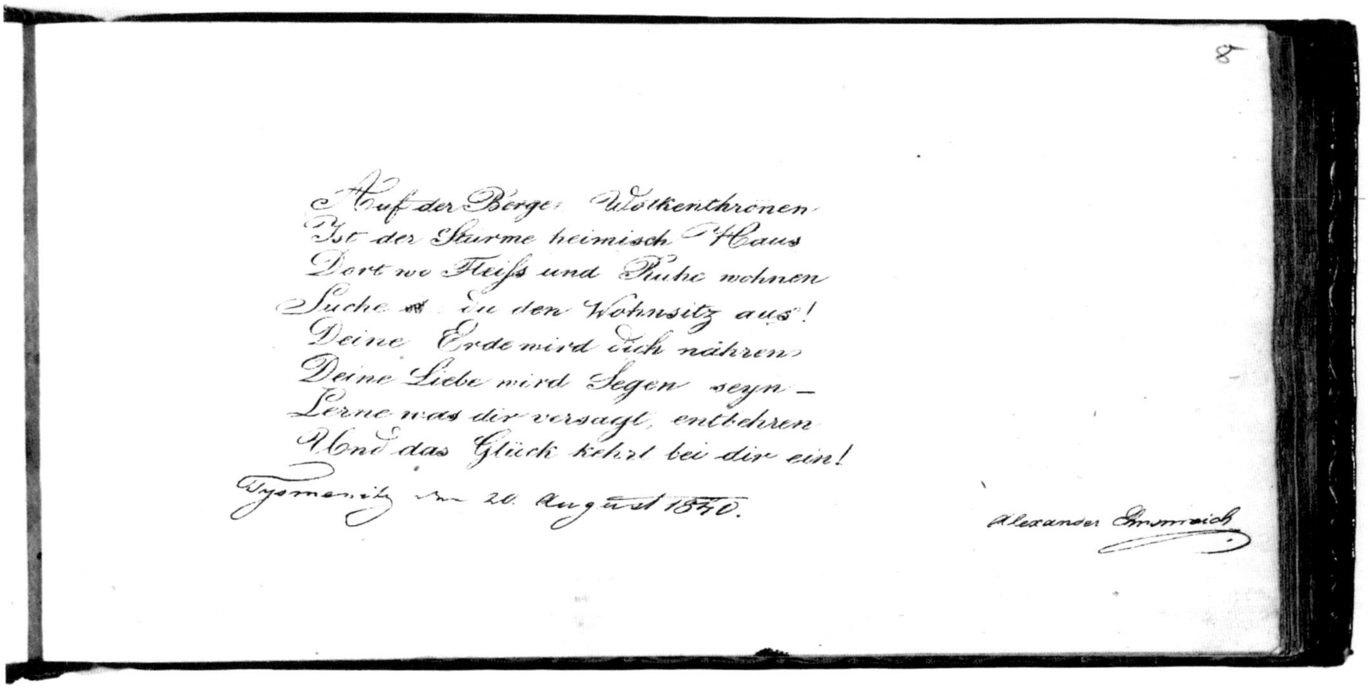
8

Auf der Berge Wolkenthronen
Ist der Stürme heimisch Haus
Dort wo Fleiß und Ruhe wohnen
Suche du den Wohnsitz aus!
Deine Erde wird dich nähren
Deine Liebe wird Segen seyn –
Lerne was dir versagt, entbehren
Und das Glück kehrt bei dir ein!
Tysmenitz am 20. August 1840.

Alexander Ehrenreich

Urgroßvater Isidor Krakauer

Urgroßmutter Rosalia Krakauer, die Erich Fried noch kennengelernt hat

Betty und Hermann Ehrenreich, in der Familienüberlieferung als Erich Frieds Urgroßeltern mütterlicherseits ausgegeben; ihre angebliche Tochter, Rosalia, die Urgroßmutter Frieds, hatte nachweislich andere Eltern (vgl. S. 15). Vermutlich ist sie im Hause Bettys und Hermanns (als Adoptivkind?) aufgewachsen.

Die Wohnung wurde uns gekündigt. Ich mußte sie Hals über Kopf auflösen. [...] Die Ölbilder der Familie kamen nach Hietzing, zu einem Freund der Familie, Ingenieur Otto Thomas, der aber im Krieg durch einen Unfall starb, so daß ich von den Köpfen meines Großvaters, meiner Urgroßeltern und meiner Ururgroßonkel, die im Salon während meiner ganzen Kindheit auf mich niedergeschaut hatten, nie wieder etwas sah. [1988]

[Mein Vater] gab mir einen Spottnamen, »Rabbi Zock«, weil ich mich in der ersten Volksschulklasse für jüdische Religion interessierte und chassidische Geschichten, Gebetbücher, biblische Geschichten las. Auch das Alte Testament, ich glaube in Bubers Übersetzung. – Ich hatte eine schöne Religionslehrerin, für die ich schwärmte. Ab meinem achten Lebensjahr, als meine Lehrerin durch eine andere ersetzt wurde, und ich einige traurige Erfahrungen gemacht hatte, glaubte ich nicht mehr an Gott. Mein Vater hatte einen verschwommenen Gottesglauben, aber glaubte nicht an Konfessionen. Er rief manchmal: »Großer, dicker Gott, jüdische Abteilung!«, um sich über die konfessionelle Aufteilung lustig zu machen. [1988]

Der Urgroßonkel Moses Ehrenreich (1818 – 1899), geboren in Brody, ab 1890 Oberrabbiner in Rom

Eintrag des jungen Moritz (überschrieben »Moses«) in ein Poesiealbum der Familie (vgl. S. 15), datiert »Brody, den 13. October 1831«: »Was zwey Menschen am engsten bindet in der Natur / Ist ewige Freundschaft, und diese ist im Bruderherzen nur«.

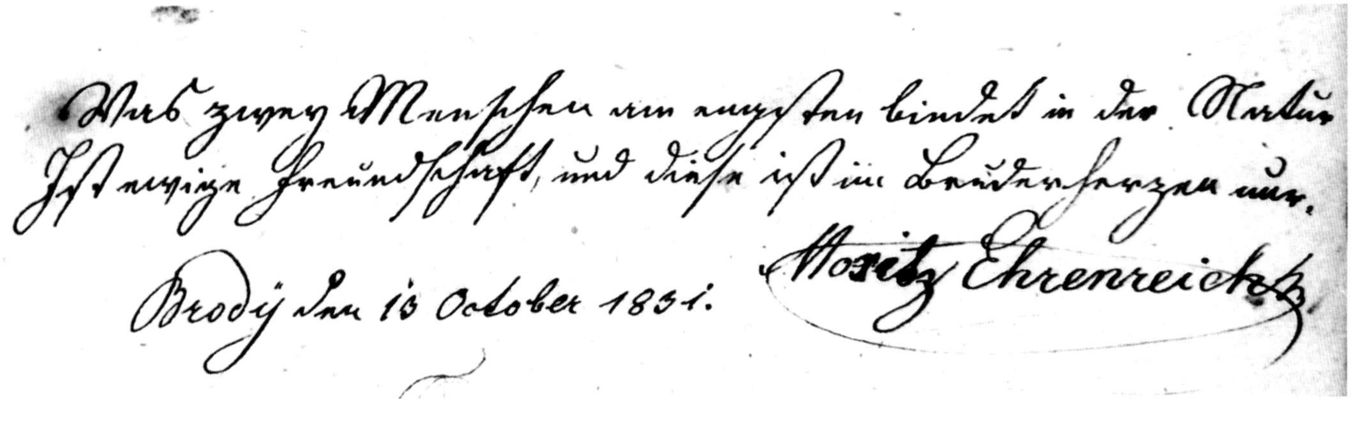

Was zwey Menschen am engsten bindet in der Natur
Ist ewige Freundschaft, und diese ist im Bruderherzen nur.
Brody den 13 October 1831. Moritz Ehrenreich

Links außen Wien II, Pazmanitengasse 6, die Synagoge, in der am 6. Mai 1920 Erich Frieds Eltern heirateten
Nebenstehend Der Israelitische Stadttempel in Wien I, Seitenstettengasse 2, in dem Erich Frieds Großeltern Carl und Malvine Stein heirateten

Unten Einladung zur Hochzeit der Großeltern

Mein Judentum ist durch die Erziehungsschicksale meiner Kindheit geprägt, und dadurch, daß Hitler mich in eine Gaskammer geworfen hätte, wenn er mich erwischt hätte. Der Abstammung nach bin ich ja – soweit ich das beurteilen kann – volljüdisch. Aber sowohl mein Elternhaus als auch meine Großeltern waren nicht religiös, sondern sogenannte assimilierte Leute.
[1986–1988]

Auf mein Judentum bin ich eigentlich erst mit sechs Jahren durch Mitschüler aufmerksam geworden, die uns zuriefen: »Jud, Jud / spuck in' Hut! / Sag der Mutter, das ist gut!« und durch schon seit einem Jahr an der Schule befindliche jüdische Mitschüler, die antworteten: »Christ, Christ / Spuck am Mist! / Sag der Mutter, daß sie's frißt!« (worauf die Extremisten der beiden Gruppen sich natürlich prügelten). Danach interessierte mich lebhaft, was ich da eigentlich sei. [1984]

Herr und Frau Dr. Isidor Krakauer

laden Sie höflichst zur Trauung ihrer Tochter

Malvine

mit

Herrn Carl Stein

Herr Carl Stein

ladet Sie höflichst zu seiner Trauung

mit

Fräulein Malvine Krakauer

welche Sonntag, den 25. November 1894, um 1/2 3 Uhr Nachmittags, im israelitischen Tempel I. Seitenstettengasse stattfindet.

Wien, im November 1894.

GROSSMUTTER

Beim ersten und zweiten Mal
wenn du niesen mußtest
sagtest du »Helf Gott!« zu dir
beim dritten Mal nur noch »Zerspring!«

Unsinn sagtest du
wenn du deine Hoffnung meintest
und Tanz statt Liebe
und elende Laune statt Trauer

Wie du
deinen Tod genannt hast
im Lager
das weiß ich nicht

[1984]

Die Großmutter Malvine Stein (geb. Krakauer), Mädchenbild

Oben rechts Malvine Stein mit Tochter Nellie,
am 24. Oktober 1897
Rechts Die Großmutter, wenige Jahre vor ihrer Ermordung

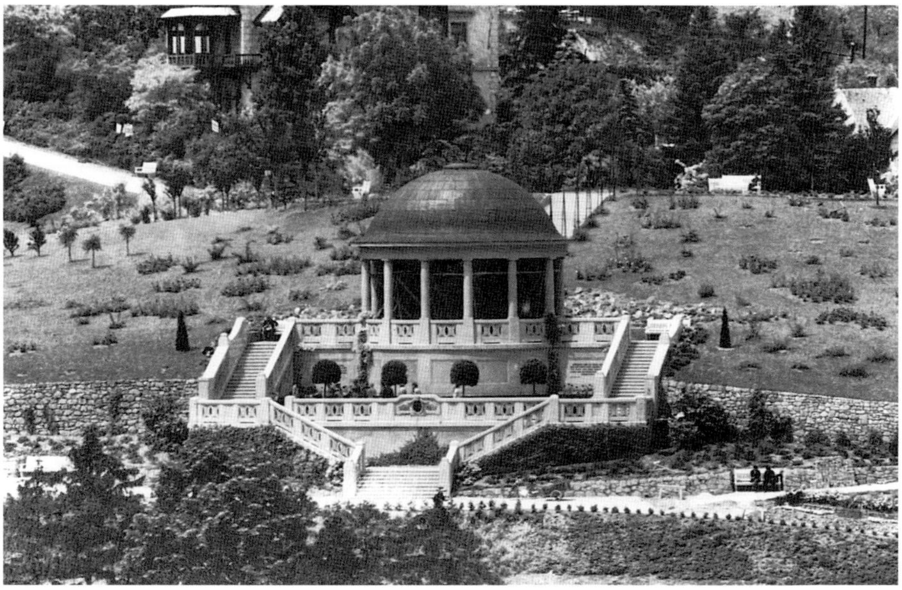

Kurpark in Baden bei Wien

Als ich etwa vier Jahre alt war, ging meine Großmutter mit mir im Kurpark in Baden bei Wien spazieren, wo wir eine Sommerwohnung gemietet hatten. Ich liebte diese Spaziergänge, weil der gepflegte Kurpark sich nach und nach in den Wald verlor, was ich romantisch fand, obwohl ich das Wort romantisch noch gar nicht kannte. Außerdem sah meine Großmutter damals schon schlecht und forderte mich deshalb oft auf, mir etwas anzusehen und ihr darüber zu berichten. Dann fühlte ich mich als wichtiger Helfer. [1986]

Ich hörte Großmutter gern von den Eltern erzählen. Ihre Schilderungen von häuslichem Glück und soliden, sicheren Zuständen erweckten in mir Nachkriegskind etwas wie Sehnsucht nach dem verlorenen Paradies. Wenn Großmutter sagte: »Bei den Eltern«, meinte sie meine Urgroßeltern, und wenn sie von Hellern und Kronen sprach, waren Groschen und Schillinge gemeint. An die neue Währung gewöhnte sie sich erst, als mit dem Einmarsch der Deutschen die Mark und der Pfennig bei uns Währung wurden. Von da an rechnete Großmutter in Schilling und Groschen und ließ sich bei Einkäufen jeden Betrag laut umrechnen. »Wieviel ist das in unserm Geld?« – Meine Großmutter war eine mutige Frau, vor und nach dem Einmarsch. Nur einmal habe ich sie weinen gesehen, und das werde ich nie vergessen. [1944]

Mitte rechts Hermine Kalina, die Schwester der Großmutter, 1945
Rechts Großvater Carl Stein, den Erich Fried nicht mehr gekannt hat

Links Der Konsul Franz Kalina, der mit seiner Frau (seit den zwanziger Jahren?) in den Niederlanden lebte und Erich Fried im englischen Exil finanziell unterstützte. In einem Brief aus Wien an ihren Enkel Erich in London vom 3. September 1938 schrieb Malvine Stein: »Ich habe an Onkel Franz geschrieben und ihn ersucht, Dir von dem Gelde das er mir schickt 2 Pf. monatlich zu senden mit dem Du als ›Taschengeld‹ ganz gut auskommen kannst« (Nachlaß, unveröffentlicht).

Hochzeit der Eltern. Nellie Stein und Hugo Fried, am 6. Mai 1920 in Wien II, Pazmanitengasse 6

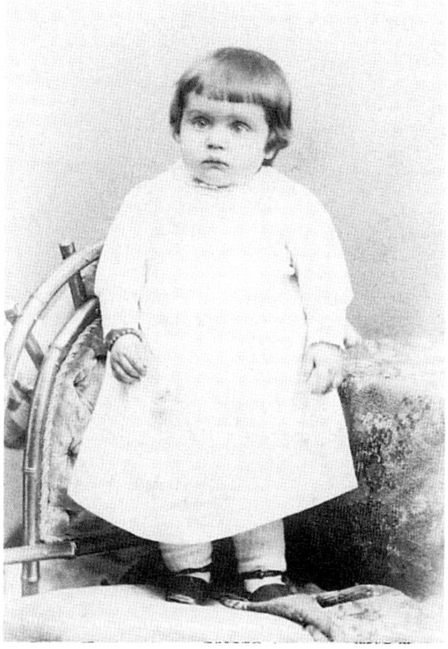

Kinderbild der Mutter: Nellie Stein am 24. Oktober 1897, dreizehn Monate und zehn Tage alt

Das Haus Alserbachstraße 11, Wien IX, in dem die Familie Fried wohnte

Die Mutter, Nellie Fried in London (vermutlich erste Hälfte der vierziger Jahre)

Der Vater, Hugo Fried (nach einem undatierten Paßfoto, Mitte der dreißiger Jahre)

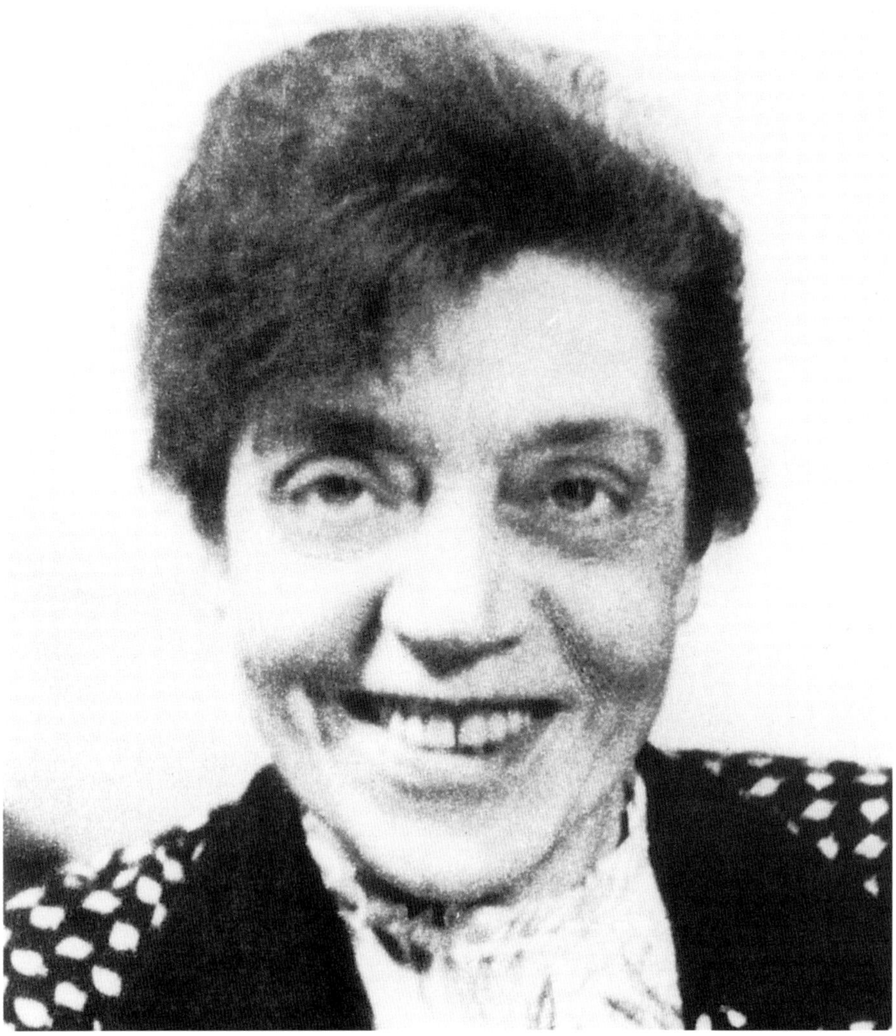

Nellie Fried in den vierziger Jahren

Kunstgewerbliche Werkstätten
Nellie Fried
Wien, I., Hofburgpassage
Girokonto: Neue Wiener Bank Ges.
Tel. prov. 31-1-70

Geschäftsbriefkopf Nellie Frieds aus den zwanziger Jahren

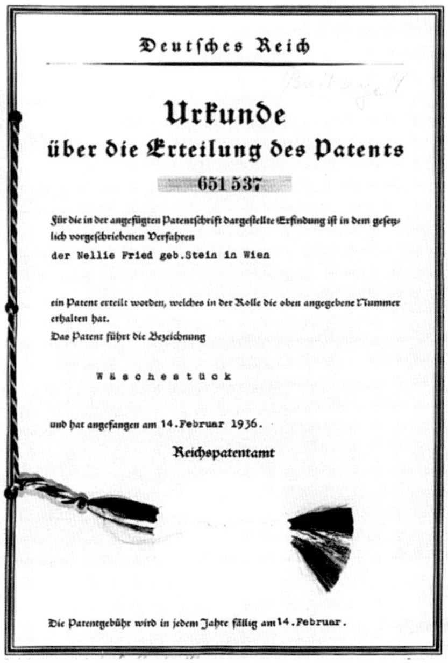

Deutsches Reich

Urkunde
über die Erteilung des Patents
651 537

Für die in der angefügten Patentschrift dargestellte Erfindung ist in dem gesetzlich vorgeschriebenen Verfahren
der Nellie Fried geb. Stein in Wien

ein Patent erteilt worden, welches in der Rolle die oben angegebene Nummer erhalten hat.
Das Patent führt die Bezeichnung

Wäschestück

und hat angefangen am 14. Februar 1936.

Reichspatentamt

Die Patentgebühr wird in jedem Jahre fällig am 14. Februar.

Deutsche Patenturkunde für Nellie Fried, 14. Februar 1936

Meine Mutter hatte jahrelang Kleinskulpturen für eine berühmte Wiener Keramikfirma gemacht, ihre Modelle waren gute Verkaufserfolge, und ich erinnere mich genau, wie ich als Kind zum ersten Mal die vielen kleinen Porzellan- und Terrakottafiguren in der Firma Goldscheider ansehen durfte. Die langbeinigen Tonmädchen und langohrigen Esel meiner Mutter hatten sich plötzlich vervielfacht und in Porzellan verwandelt und standen in Reih und Glied auf den Regalen. [1986]

Und von meiner Mutter müßte ich ordentlich, so daß man alles vor Augen sieht, erzählen, wie sie sich für mich abgearbeitet hat, als ich klein war, und auch später noch, und wie sie versucht hat, das immer noch zu tun, als sie achtzig Jahre alt war und bei meiner Frau und mir gewohnt hat und uns mit ihrer besitzergreifenden Eifersucht auf mich das Leben oft schwerer gemacht hat, als sie vielleicht wußte. Wie sie mich als Kind vor den Schlägen meines Vaters schützte, indem sie sich wie ein wildes Tier auf ihn warf, und wie sie sich auf mich warf, als ich schon erwachsen war und sie mich vergeblich zu beherrschen versuchte, und wie sie mich anschrie: »Wenn du nicht so leben willst wie ich will, dann brauchst du überhaupt nicht zu leben.«

Es wäre davon zu berichten, wie mutig sie dem Gestapomann gegenübertrat, der meinen Vater umgebracht hatte, und wie sie ihn, umgeben von hakenkreuztragenden Männern, in öffentlicher Gerichtsverhandlung, als er als Zeuge gegen sie auftrat, einen ganz gemeinen braunen Mörder nannte.
[1986]

Ab 1927 oder 1928 war es hauptsächlich meine Mutter, die die Familie erhielt, indem sie Modellkleider und Stoffe entwarf, Kleinplastiken modellierte (Art: Wiener Werkstätte), die von der Firma Marcel Goldscheider bestellt, angekauft und vervielfältigt wurden (Porzellan, gelegentlich auch Bronze). Später, ab meinem 7. oder 8. Lebensjahr, verreiste meine Mutter viel, um für Firmen in Österreich, Deutschland, Schweiz, Polen, ČSR und Norwegen Modellkollektionen zu machen. [1986 – 1988]

Entwurf der Mutter für ein Damenkostüm, datiert auf den 6. Mai 1956

Modeentwurf der Mutter mit dem Vermerk »Arch. Nellie Fried Wien – Paris«, vermutlich aus den dreißiger Jahren

Mein Vater las ungemein viel, kaufte viele Bücher, besonders antiquarische, war ein Autodidakt – mit Bildungslücken, über die er sich keine Rechenschaft gab, hatte, ebenso wie meine Mutter, schon im Krieg einige (patriotische!) Gedichte veröffentlicht; die Verse meiner Mutter waren eher pazifistisch. Er wollte Dichter werden, hatte aber nie Erfolg, kam zunächst durch Vermittlung der mütterlichen Verwandtschaft als Partner in eine Speditionsfirma, die 1927 oder 1928 bankrott ging, weil er auf einen Betrüger hereingefallen war. Schon ein, zwei Jahre zuvor war es der Firma, vielleicht durch Verschulden desselben Betrügers, der meinem Vater viel Geld abgeknöpft hatte, schlecht gegangen. [...]

Mein Vater, der zuletzt die Firma zu retten versucht hatte, indem er mit dem übrigen Geld nach Monte Carlo gefahren war, dort aber alles verloren hatte, betätigte sich als erfolgloser Schriftsteller [...]. Er konnte nur einige Chansons und vier oder fünf kurze Prosatexte, Kurzgeschichten und imaginäre Reiseberichte veröffentlichen. Er saß meist im Kaffeehaus unten in unserem Haus. [...]

Sein Schreiben und seine Familienlesungen im Speisezimmer, bei denen ich mich nicht rühren durfte, haben mich etwa von meinem fünften bis zum neunten Lebensjahr literarisch angeregt. Sein Mißerfolg und meine Abneigung gegen ihn haben mich viele Jahre lang abgehalten, Schriftsteller werden zu wollen.
[1986 – 1988]

Hugo Fried, wenige Monate vor seinem Tod

Ab etwa 1930 entdeckte mein Vater, daß er gut hypnotisieren konnte, kurierte einige Frauen mit Lähmungserscheinungen sowie die Impotenz eines ältlichen Amtsrates. Die Zeitungen berichteten über eine dieser Kuren als »Das Wunder von Berndorf«. Die Kuranstalt Baden bei Wien richtete eine Abteilung für ihn ein. Bei einem Kurpfuschereiprozeß wurde er bedingt verurteilt; in zweiter Instanz, als er sich selbst verteidigte, freigesprochen. Behandlungen dieser Art setzte er fort, in verminderter Zahl und in späteren Jahren ohne Kuranstalt, bis die Nazis kamen. [1986–1988]

Das Wunder von Berndorf

Heilung einer rettungslos Gelähmten

In Berndorf, Kleinfe… …rstraße 161, wohnt in einem kleinen, armseligen Häuschen die 66jährige Helene Kozlik. Seit über vier Jahren ist die greise Frau gelähmt … und liegt unbeweglich, stumm, mit entsetzlich ge… …krümmten, vornüber geneigtem Oberkörper in einem Krankenstuhle. Unbeweglich liegt sie, wie eine Tote, die Arme und Hände steif und starr aufeinander gepreßt, die Finger schauerlich in… …nander verkrampft, so daß jeder Bluttropfen aus den wächsern-weißen Gelenken gewichen ist. Nur die Augen in dem unnatürlich zur Seite ver… …renkten Kopfe bewegen sich und zeigen, daß Leben in dem reglosen Körper ist, daß eine lebende Tote in dem Kranken- mit den Händen, ohne daß dabei der Patient berührt werden würde.

Es dürfte sich hier um eine Art Magnetismus handeln, von dem der Mann behauptet, daß ihn sicherlich noch viele andere Leute besitzen, ohne davon zu wissen, ohne ihn zum Wohle ihrer Mitmenschen auszunützen.

Die Listen derjenigen, die zu dem Manne heraufkommen, weist gar manchen prominenten Namen auf, ist von einer Reichhaltigkeit, wie man sie kaum für möglich halten würde. 80 Prozent aller Patienten suchen Rettung vor ihren Selbstmordgedanken, die allermeisten

Ausschnitt aus dem »Neuen Wiener Extrablatt«, 19. September 1929

S. Fischer Verlag / Berlin W 57 Bülowstraße 90
AKTIENGESELLSCHAFT

Bankkonto: Deutsche Bank, Depositenkasse P in Berlin / Postscheckkonto Berlin Nr. 16692
Fernsprechanschlüsse: Amt Lützow Nr. 6162 bis 6164
Telegramm-Adresse: Fischerverlag 6162 Berlinlützow

L/Si. 5. Februar 1931

Herrn Hugo F r i e d

Wien IX
Alserbachstr. 11

Sehr geehrter Herr,

Novellenbände können wir bei der ganz ausserordentlichen Zurückhaltung der Oeffentlichkeit vor solchen Büchern ausnahmsweise nur dann bringen, wenn sie völlig mit dem literarischen Charakter unseres Verlages übereinstimmen. Diesist bei Ihren Ekstatischen Novellen „ Abseits „ leider nicht der Fall, sodass wir zu unserm Bedauern genötigt sind, Ihnen die Kopie wieder zur Verfügung zu stellen. Für die Einsendung sagen wir Ihnen unseren verbindlichsten Dank.

Mit vorzüglicher Hochachtung
S. FISCHER, VERLAG A.-G
LEKTORAT
Dr Bermann

Speditions-Büro
Hugo Fried, Wien
I., Franz Josefs-Kai 39
Telephon 61-1-58

Briefkopf einer Spedition Hugo Frieds in den zwanziger Jahren

Absagebrief des S. Fischer Verlages (unterschrieben von Dr. Gottfried Bermann Fischer) auf ein Manuskriptangebot von Hugo Fried

Das Canning-Kinderhospital (rechts), Wien IX, Pelikangasse 18 / Ecke Lazarettgasse, in dem Erich Fried geboren wurde

Kindheit und Jugend in Wien

Da die Eltern oft außer Haus waren (und auch bald eigene Wege gingen) verbrachte das Kind viel Zeit mit der Großmutter und besonders gern mit dem Kindermädchen »Fini«.

Wegen seiner angeborenen Gehbehinderung konnte Erich Fried an den üblichen Kinderspielen kaum teilnehmen; so suchte er sich (noch vor seiner Einschulung) im nahe gelegenen Liechtensteinpark Mitspieler für frei erfundene ›Theaterstücke‹. Begeistert übernahm ihn ein arbeitsloser Regisseur in ein Kinder-Ensemble, das auf verschiedenen Bühnen Wiens und Umgebung u. a. mit einem Stück von Ferdinand Raimund auftrat. Die Mutter ließ ihren Sohn die Zeitungskritiken auswendig lernen, in denen er etwa als »Schauspieler von geradezu dämonischer Wirkung« bewundert wurde.

Nicht nur dieser Ehrgeiz der Mutter (die den Sohn barsch zurechtwies, wenn er falsch zitierte) und die Widersprüche im konservativen Erziehungsprogramm der Großmutter hatten schon früh zu einer kritischen Haltung gegenüber den Konventionen der Erwachsenenwelt geführt, sondern auch und vor allem das ambivalente Verhalten des Vaters: Manchmal kümmerte er sich äußerst liebevoll um sein Kind, wurde aber schnell unwirsch, wenn ihm an dem »Krüppel« etwas nicht paßte. Und er verbot dem »Wunderkind«, in das Ensemble des berühmten Regisseurs Max Reinhardt zu wechseln.

Bereits der Erstkläßler zeigte eine entschiedene Haltung: Er weigerte sich, vor dem Wiener Polizeipräsidenten Schober ein Weihnachtsgedicht aufzusagen. Schober war verantwortlich für den Polizeieinsatz am sogenannten »Blutigen Freitag« im Juli 1927, den Erich Fried am Rande persönlich miterlebt und in seinen ersten Kindergedichten verarbeitet hat.

1931 wechselte der Schüler zum Bundesgymnasium Wien IX (Wasagasse 10). Obwohl von seinen Lehrern dazu angeregt, konnte sich der Gymnasiast zunächst kaum vorstellen, später den Beruf eines Schriftstellers auszuüben – schon allein aus Abgrenzung gegenüber seinem erfolglosen Vater. So waren es möglicherweise die Erfindungen, die die Mutter im Textil- und Modebereich als Patente anmelden konnte, die den Jugendlichen (anfänglich zusammen mit dem Nachbarjungen Ernst Eisenmayer, vgl. S. 58) dazu brachten, mit Glühlampen zu experimentieren. Immerhin gelang es dem Sechzehnjährigen, ein Verfahren zur Glühlampenherstellung patentreif zu machen; was ihm allerdings nicht viel nutzte, da die kleine Firma, die sich dafür interessierte, in eine finanzielle Krise geriet und von der versprochenen Patentanmeldung Abstand nahm. Den Schmerz dieser Niederlage linderte die Begegnung mit einem Mädchen namens Zita: besser als Vater und Lehrer verstand sie es, in ihrem Freund literarische Ambitionen zu wecken. Tatsächlich brachte Fried bereits 1937 einen kleinen sozialutopischen Roman mit dem Titel *Der Kulturstaat* zu Papier. Ansätze zu einer eigenen dichterischen Selbstfindung und Programmatik spiegelten sich in (Tagebuch-) Gedichten.

In der Zwischenzeit hatten sich die sozialen und politischen Spannungen in Österreich und der Hauptstadt Wien erheblich verschärft. Der von rechts schon lange geschürte Antisemitismus wurde von Tag zu Tag populärer. Gegen den von Bundeskanzler Engelbert Dollfuß (seit 1932) propagierten autoritären und am Mussolinischen Modell orientierten Ständestaat (»Austrofaschismus«) hatten sich die Sozialdemokraten erfolglos zur Wehr gesetzt (Februarkämpfe 1934). Nachdem Dollfuß im Juli 1934 bei einem Putschversuch der verbotenen Nationalsozialisten umgebracht wurde, setzte Kanzler Kurt Schuschnigg die Linie seines Vorgängers fort. Der »Anschluß« war mit dieser Politik nicht zu verhindern: Am 15. März 1938 verkündete Hitler vor einer riesigen Menschenmenge auf dem Wiener Heldenplatz den »Eintritt meiner Heimat in das Deutsche Reich«.

Unmittelbar danach bildete Fried eine jugendliche Widerstandsgruppe. Doch nach der Verhaftung seiner Eltern (24. April 1938), der Ausgliederung jüdischer Schüler aus dem Gymnasialunterricht (Anfang Mai, als das Wasagymnasium insgesamt zu einem NSDAP-Hauptquartier umfunktioniert wurde), der Ermordung des Vaters durch einen Gestapo-Beamten (24. Mai) und der Kündigung der Wohnung in der Alserbachstraße (Juli 1938) blieb ihm nur noch die Flucht: Sein Zug nach England verließ am 4. August den Wiener Westbahnhof.

Erich Fried mit dem Kindermädchen »Fini« in Gaaden bei Wien in Ferien

Mein liebstes Kinderfräulein hieß Fini und hatte blonde Haare. Ihr wirklicher Name war Josephine Freisler, und sie war eine von drei Töchtern eines Landarztes in Gaaden bei Wien [...]. Als kleines Kind hatte ich immer erklärt, ich würde sie heiraten, wenn ich erst groß wäre, und etwas von diesen Phantasien war mir offenbar noch geblieben, denn als sie heiratete, weinte ich lange, obwohl sie mir eine Karte schrieb, daß sie mich niemals vergessen werde. Ich glaube, ich war nie wieder so eifersüchtig. [1986]

Erich Fried an »Fini« in der DDR am 26. August 1970:
Die Bilder aus Gaaden haben mich natürlich an alte Zeiten erinnert. Ich habe die Landschaftseindrücke, die Straße, wo das Haus war, Hecken und Bäume, besonders einen großen Baum, dann dahinter die Wiese bis zum Bach hin, auch nach über vierzig Jahren gut in Erinnerung. [...] Gaaden, der Weg nach Sparbach, Obergaaden und Untergaaden, am Weg ein verbranntes Haus. Die künstliche Burgruine mit der Fahne, das Kloster Heiligenkreuz, wohin wir immer einmal gehen wollten, aber nie gekommen sind, der Weg auf den Anninger, rutschig von Kiefernnadeln [...].

»Fini«, um 1927

Sommerfrische Gaaden. Ansicht von einer Postkarte, die »Fini« Erich Fried am 6. August 1970 nach London schickte

Schon zuvor, wenn [mein Vater] mit mir ins Schwimmbad gegangen war *(Gänsehäufel, häufiger Krapfenwaldl)*, noch ehe ich schwimmen konnte, versuchte er mich immer dazu zu bringen, an einem Kletterseil hochzuklettern oder an einer Kletterstange. Er zeigte beides vor. Ich konnte es nicht (auch später nie). [1986 - 1988]

Das öffentliche Bad »Gänsehäufel« an der Alten Donau, Wien XXII

Das Kurbad Bad Vöslau

Mit elf Jahren entführte mich meine Großmutter nach Vöslau und ließ mich schwimmen lernen. Ihre Tochter (meine Mutter) hatte gesagt: »Solang ich lebe, lernt das Kind nicht schwimmen!« Meine Großmutter hatte eine kurze Nachricht, aber absichtlich keine Adresse hinterlassen. Mutter ging zur Polizei, die sie auslachte und heimschickte. [1986 - 1988]

Burgau am Attersee

In den letzten drei Jahren vor [Vaters] Tod fuhr er mit meiner Großmutter und mir in die Sommerfrische (See am Mondsee und Burgau am Attersee, Salzkammergut). Dort lehrte er mich nicht nur rudern, paddeln und einen Trauner (einruderige Riesengondel) fahren, sondern erzählte mir viel von Tieren und Pflanzen, die wir sahen. Er war - wie ich - überaus tierfreundlich. [1986 - 1988]

Meine Mutter hatte seit zehn Jahren eine Liebesbeziehung mit einem älteren, gar nicht gutaussehenden Mann, einem Rechtsanwalt, den ich wegen seines sarkastischen Wesens nicht recht mochte, den ich aber respektieren und zu dem ich immer höflich sein sollte (zahlreiche Samstag- oder Sonntagsspaziergänge auf dem Kobenzl mit ihm und Mutter). [1986–1988]

Der Kobenzl im Wienerwald, den Hausbergen von Wien

Luftaufnahme vom Alsergrund, Wien IX

Wien IX (Alsergrund). Blick von der Markthalle in der Alserbachstraße zum Liechtensteinpark.
Links das Wohnhaus der Familie Fried (Nr. 11) mit dem Café Thury im Erdgeschoß, 1939

Die Alserbachstraße in anderer Blickrichtung mit der Markthalle im Hintergrund, rechts das Café Thury

Rechts Alserbachstraße mit Frieds Volksschule im hintersten Häuserblock (3. Haus von rechts), um 1930, Ecke Marktgasse

Mitte Brigittabrücke, von der Brigittenau gesehen, mit Blick in die Alserbachstraße

Darunter Die Friedensbrücke errichtet 1924–1926 an der Stelle der alten Brigittabrücke

Unten Der Donaukanal im neunten Bezirk mit Badenden, die »Kleine Riviera«

Seit der Donauregulierung vor über hundert Jahren durchzieht der Donaukanal westlich vom eigentlichen Strom, den die Wiener die Große Donau nennen, die Stadt ungefähr von Norden nach Süden. Stromabwärts einer der Brücken legten die langen hölzernen Obstkähne an, die den Obstmarkt oben belieferten. In meinen ersten Lebensjahren war es die mit schönem eisernem Schnörkelwerk verzierte alte Brigittabrücke, die dort den Donaukanal überquerte. Später wurde sie zu meinem Leidwesen durch die gar nicht verschnörkelte Friedensbrücke ersetzt. Der Obstmarkt aber blieb derselbe. Die einfachsten Obststände bestanden nur aus langen Brettern, die auf zwei, drei Böcke gelegt waren, abends beleuchtet von einer Karbidlampe. [1986]

Die Ufer zwischen Friedensbrücke und Klosterneuburger Steg belebten sich im Sommer mehr und mehr. Sie wurden Arbeitslosenriviera genannt, genauer »Kleine Riviera«. Die große lag am eigentlichen Donaustrom. [...] Die Sonne brannte auf die halbnackten Körper nieder. »Neger« ist im Jargon dei kleincn Riviera einer, der kein Geld hat. Das kommt vielleicht von der dunklen Hautfarbe der arbeitslosen Badegäste. [1941–1945]

Bettler in Wien in den zwanziger Jahren

Zur Zeit der Wirtschaftskrise gegen Ende der zwanziger Jahre gab es in Wien sehr viele Bettler, Kriegskrüppel und Arbeitslose, Sänger, die, manchmal mit Musikinstrumenten, aus den Höfen der Häuser oder aus ruhigeren Nebenstraßen zu den Fenstern hinaufsangen und nach einigen Schlagerliedern ihre Bittsprüche hersagten, und Straßenbettler, die immer an derselben Stelle saßen. Unternehmendere Bettler sprachen mit vorgehaltener Hand oder mit vorgehaltenem Hut auch vorübergehende Männer an, Frauen nur selten. Frauen anzusprechen, war nicht ratsam, weil die oft erschraken, so daß der Bettler dadurch in Schwierigkeiten geraten konnte.

Ich war damals acht, neun Jahre alt. Gleich vielen anderen »besseren« Kindern, die nicht selbst Hunger leiden mußten, hatte ich von klein auf eine Leidenschaft dafür entwickelt, Bettlern Geld zu geben. Wehe, wenn meine Großmutter oder meine Mutter an einem Bettler vorübergehen wollten, ohne mir etwas für ihn in die Hand zu drücken. Auch Argumente wie: »Wir haben jetzt keine Zeit«, oder »Der sieht mir gar nicht danach aus, als ob er wirklich etwas nötig hätte«, oder »Nein, der vertrinkt das nur«, ließ ich nicht gelten. [1986]

Alter Harfner in Wien

Mit dem Leierkasten: Wiener »Werkelmänner«

Im Liechtensteinpark, dem einzigen Park in der Nähe des Mietshauses, in dem ich vier Treppen hoch wohnte, fand ich, daß ich nicht so gut laufen und springen konnte wie andere Kinder. Darüber war ich nicht erstaunt, denn das hatte mir mein Vater schon mehrmals vorgeworfen, wobei er Zweifel an meiner Lebensfähigkeit äußerte und sich zum Schluß Betrachtungen hingab, wie ein Mann wie er zu einem solchen Kind gekommen sei.

Diese Vorhaltungen störten mich mehr als meine Ungeschicklichlichkeit, unter der ich allerdings später noch dank verschiedenen Turnlehrern zu leiden hatte. Im Park aber war ich auf einen einfachen Ausweg verfallen. Ich versammelte andere Kinder um mich und erklärte ihnen, zur Abwechslung wollten wir einmal nicht Schnur springen und um die Wette laufen, sondern etwas anderes tun. Dann erzählte ich ihnen spannende Geschichten, die ich meist eigens zu diesem Zweck ganz rasch erfinden mußte, oder wir inszenierten irgendeine Phantasiekomödie oder -tragödie, die ich mir ausgedacht hatte. Selbstverständlich spielte ich dabei mit.

Ein arbeitsloser Regisseur namens Hans Wachsmann, der [...] auf Talentsuche den Park durchstreifte, wurde auf mich aufmerksam. Er ließ sich meine Adresse geben und überredete meine Mutter und sogar meine Großmutter, mich in einer Raimund-Inszenierung mitspielen zu lassen. (Raimund war ein Wiener Märchenspielautor der Biedermeierzeit, den sogar ich vom Puppentheater her schon kannte.) Eine Truppe von Kindern, allerdings die meisten viel älter als ich, sollte an einigen Theatern in Wien und Umgebung Raimunds »Verschwender« aufführen, unbezahlt, zum wohltätigen Zweck der Errichtung eines Denkmals für den großen Raimundschauspieler Girardi. [...]

Großmutter und Mutter willigten ein. Meine Mutter war, als ich mich zum Star der Truppe entwickelte, Feuer und Flamme für meine neue Laufbahn als Wunderkind. Auch ich fühlte mich im allgemeinen sehr wohl, denn das Rollenlernen fiel mir ebenso leicht wie das Spielen, und meine Erfolge auf der Bühne entschädigten mich für meine sportliche Ungeschicklichkeit.
[1986]

Als Max Reinhardt für meine Ausbildung bezahlen wollte, wenn ich Ensemblemitglied werde, Verbot meines Vaters. Ich sagte: »Weil du als Schriftsteller keinen Erfolg hast, und ich als Schauspieler ja.« Ohrfeige. Ich: »Dazu mußt du nur größer und brutal sein.« Zweite Ohrfeige. Ich: »Die kriegst du zurück, wenn ich erwachsen bin.« Dritte Ohrfeige. Ich: »Die auch!« Keine Ohrfeige mehr, er ließ mich wütend stehen.
[1986–1988]

In der »Wunderkinderzeit« vor dem Liechtensteinpark, etwa fünf bis sechs Jahre alt

Oben Der legendäre Theaterregisseur Max Reinhardt (1873–1943), der durch die bekannte Wiener Schauspielerin Hansi Niese auf den Kinderschauspieler Fried aufmerksam gemacht wurde
Oben rechts Die Renaissance-Bühne in der Neubaugasse
Unten Zeitungsausschnitt über die Aufführung des Raimund-Stückes »Der Verschwender« in der Wiener Renaissance-Bühne am 26. Dezember 1926 mit dem »Wunderkind« Erich Fried, in: »Regenbogen« (Wien), 3. Jg. (1927), Nr. 1, S. 5
Unten rechts Die Wiener Volksoper, in der Fried ebenfalls als »Wunderkind« auftrat (Aufnahme nach dem deutschen Einmarsch, nazibeflaggt)

Neues aus aller Welt

Die Weihnachtsvorstellung des „Regenbogen",

die Sonntag, den 26. Dezember 1926 in der Renaissancebühne stattfand, war ein voller Erfolg. Das nahezu ausverkaufte Haus bot schon dem Eintretenden ein freundliches Willkomm. Sämtliche Lampen erstrahlten in hellem Glanze, wohlige Wärme, die alle Räume des Theaters durchflutete, war an dem schneidigkalten Dezembertag besonders angenehm.

Die Aufführung des Stückes „Der Verschwender", über dessen erste Vorstellung in der Volksoper wir bereits in der Nummer 49 des „Regenbogen" berichteten, wies einige Um- und Neubesetzungen auf. Für die „Regenbogen"-Vorstellung wurden nämlich alle Striche, die der kürzeren Spieldauer wegen bei der ersten Vorführung gemacht worden waren, wieder geöffnet. Es wurden also einige Szenen gespielt, die das erste Mal weggeblieben waren. Zum Beispiel die Gesellschaftsszene mit dem Präsidenten Klugheim und seiner Tochter Amalie, die. da sie von Kurt Schiller und Gerda Schneidmann ausgezeichnet gespielt wurde, sehr gefehlt hätte. Auch der Auftritt mit dem Baumeister Sockel, in der Volksoper weggelassen, wurde diesmal gespielt. Bobby Marek holte sich in der Rolle des Baumeisters auf offener Bühne lauten Beifall. Erich Fried, noch nicht fünfjährig, war als Azur und Bettler nicht nur ein sehr guter Sprecher, sondern ein Schauspieler mit geradezu dämonischer Wirkung. Wie das erstemal gut, und vielleicht noch besser, weil viel freier und unbefangener, waren: Litzi Thieman, Kurt und Trude Haas, Steffi Speier, Erika Spinrad, Edith Hetha Graf und ganz besonders wieder Milli Kostron.

Der brennende Justizpalast am »Blutigen Freitag« in Wien, 15. Juli 1927

In Wien waren in jenem Jahr 1927 Rechtsradikale, die in der Ortschaft Schattendorf Arbeiter ermordet hatten, von Richtern, die politisch den Mördern näherstanden als ihren Opfern, in allen Instanzen freigesprochen worden; zuletzt, trotz einer großen Demonstration empörter Arbeiter, am 14. Juli 1927 vom Obersten Gericht, das im Justizpalast tagte. Am folgenden Tag kam es zum Zusammenstoß zwischen der Polizei und den demonstrierenden Arbeitern. Dabei wurde ein Polizist getötet, die Polizei aber erschoß 86 Arbeiter.

An dem Tag war meine Mutter zufällig mit mir in den I. Bezirk, die Innere Stadt, gegangen und hatte, weil die Straßen seit Anfang des Kampfes nicht mehr passierbar waren, in einem Laden bei Bekannten Zuflucht gefunden. Durch das Schaufenster sah ich Bahren mit Toten und Verwundeten. [...]

1927 war mein erstes Schuljahr. [...] Ich sollte nun zu Weihnachten im Festsaal unserer Schule, einem großen Saal in einem nahen Gemeindehaus, den meine Marktgasse-Schule mit zwei anderen teilte, ein Weihnachtsgedicht aufsagen. Als ich schon auf der Bühne stand, hörte ich unten jemand sagen: »Der Herr Polizeipräsident ist auch unter den Gästen.« Also trat ich vor, verbeugte mich und sagte in meiner besten Redemanier: »Meine Damen und Herren! Ich kann leider mein Weihnachtsgedicht nicht aufsagen. Ich habe gerade gehört, Herr Polizeipräsident Doktor Schober ist unter den Festgästen. Ich war am Blutigen Freitag in der Inneren Stadt und habe die Bahren mit Toten und Verwundeten gesehen, und ich kann vor Herrn Doktor Schober kein Gedicht aufsagen.« Nochmals verbeugte ich mich und trat dann zurück. Der Polizeipräsident, den ich erst jetzt sah, sprang auf und verließ sofort, gefolgt von zwei, drei Begleitern, den Saal. Er oder einer aus seinem Gefolge schlug krachend die Tür zu. Ich trat wieder vor und sagte: »Jetzt kann ich mein Weihnachtsgedicht aufsagen.« [1986]

Oben Demonstranten vor dem Justizpalast
Mitte Zerstreuung der protestierenden Arbeiter durch die berittene Polizei
Unten Kolingasse mit der Roßauer Kaserne. Von dieser Straße aus beobachteten Erich und seine Mutter die Vorgänge rund um den Justizpalast.

ERINNERUNG AN EINE GRAUSAME REDE

Der Priester und Bundeskanzler Seipel
Hat gesagt: »Keine Milde!«
Der Blutige Freitag hat gefragt:
»Bist du im Bilde?«

Im Bilde, da siehst du
Den verbrannten Justizpalast,
Damit du die Arbeiter
Als »rote Brandstifter« haßt.

Nicht im Bilde
Siehst du die sehr milden Richter.
Im Justizpalast sprachen sie frei
Das Arbeitermördergelichter.

Im Bilde siehst du:
»Sozialisten und Kommunisten
Töteten heute
Einen diensttuenden Polizisten!«

Nicht im Bilde sah man das Pflaster
Vom Blut gerötet.
»Die Polizei hat heut
sechsundachtzig Arbeiter getötet.«

[1930]

Oben links Kindergedicht Erich Frieds
Oben rechts Wahlplakat für den ehemaligen Polizeipräsidenten Dr. Johann Schober, um 1930
Unten Marktgasse mit Thury-Hof, in dessen Festsaal der junge Erich Fried sein Weihnachtsgedicht vor Dr. Schober verweigerte

»Es herrscht vollkommene Ruhe. Die Regierung ist überall Herrin der Lage.« Gleich darauf durchs offene Fenster deutlich hörbar ein rasend schnelles Ticken oder Pochen, wie das Aufklopfen eines verrückt gewordenen Bleistifts auf eine Tischplatte. Das war, unverkennbar, ein Maschinengewehr. [...] Ich, zwölf Jahre alt, aber seit Tagen, seit ich das kleine gelbe Flugblatt der Sozialdemokraten gelesen habe, dessen letzte Worte ich nie mehr vergessen konnte: »Wenn Eid und Verfassung gebrochen werden und die Freiheit in Gefahr gerät, dann wird die Arbeiterschaft zu den Waffen greifen« und seit ich [...] in der Zeitung die drohenden und provozierenden Worte der verschiedenen schwarzen und weißgrünen Machthaber gelesen habe, auf das Ärgste gefaßt, weiß ganz genau, daß das ein Maschinengewehr sein muß, obwohl ich noch nie eines in Wirklichkeit gehört habe. Dennoch frage ich noch meinen Vater und beginne erst zu weinen, als er es mir bestätigt. »Was weinst du?« schreit er mich an, vielleicht, weil er selbst so nervös ist. [...]

Statt des klopfenden Bleistifts in kurzem Abstand zwei tiefe, grollende Schläge, fast wie ein kurzer Donner. »Schwere Artillerie«, sagt mein Vater, »sie schießen auf die Gemeindehäuser.«

Das Radio geht die ganze Zeit. Dazwischen wieder Maschinengewehr, wieder Artillerie. Dann wieder im Radio die Versicherung, daß vollkommene Ruhe herrschte, daß die Unruhen vorbei sind. Dann wieder Feuer.

Auch in sich selbst sind die Radionachrichten widersprüchlich: »Es muß ganz besonders betont werden, daß nur ein verschwindend kleiner Bruchteil der Arbeiterschaft sich den verbrecherischen marxistischen Elementen angeschlossen hat.« Und fünf Minuten später: »Die Tapferkeit unserer braven Exekutive war umso bemerkenswerter, als wir uns überall einer vielfachen Übermacht gegenüber befanden.« [...] Nun schufen sie die Freiheit, die *sie* meinten, Freiheit von Recht und Skrupeln, aber nicht durch Wahlen, sondern mit Gewalt. Seit damals habe ich nicht nur zu *wissen,* sondern auch zu spüren begonnen, was Faschismus und Unterdrückung ist. Und beide zu hassen begonnen. [1986]

Oben Der vom Bundesheer mit Artillerie beschossene Karl-Marx-Hof in Wien, Februar 1934
Unten Panzerwagen und Militär im Karl-Marx-Hof

Jetzt hörten wir eine Übertragung aus Linz, der Hauptstadt Oberösterreichs, die den feierlichen Einzug des Führers Adolf Hitler erwartete. Die Männer am Mikrophon, zum Teil ortsbekannte Nazigrößen, hatten Ausblick auf einen großen Platz, auf dem Hitlerjugend und BDM-Mädchen versammelt waren, sowie Tausende von Schaulustigen. Sie teilten uns auch mit, daß in den Fenstern der meisten Häuser schon Kerzen bereitstünden, um beim Nahen des Führers angezündet zu werden, daß sich aber die Ankunft des Führers verzögert habe. Es sei kalt und alle könnten es vor Ungeduld kaum noch erwarten. Die Tatsache, daß einige der Nazigrößen offenbar reichlich getrunken hatten, verlieh der Berichterstattung gelegentlich eine eigentümliche Note. So rief einer: »Es ist kalt. Die nackerten Knie der Hitlerjugend wackeln im Wind.« [1986]

Oben Hitler in Linz, 13. März 1938
Links »... melde ich vor der deutschen Geschichte nunmehr den Eintritt meiner Heimat in das Deutsche Reich ...«, Wien, Heldenplatz, 15. März 1938

1938: Wiener Juden werden gezwungen, die Straßen mit bloßen Händen zu säubern.

Jüdische Buchhandlung in Wien

Als Siebzehnjähriger, in Wien

NSDAP.
Gauleitung Niederdonau
Wien 9, Wasagasse 10
Postamt 66, Postfach 139

Einige Tage nach Hitlers Einmarsch in Wien, in der zweiten Märzhälfte 1938, lud ich einige Schulkameraden zu mir ein, alles Kinder jüdischer Eltern wie ich, und gründete mit ihnen eine Widerstandsgruppe, deren Angehörige einander nicht nur Verschwiegenheit gegenüber den Nazibehörden bis in den Tod gelobten, sondern auch vereinbarten, daß jeder von uns in der unteren Hälfte des Anfangsbuchstabens seines Vornamens einen schrägen Strich von links oben nach rechts unten anbringen sollte. [...]

Vorsichtsmaßregeln wie etwa, Hakenkreuze anzustekken, bevor wir Bücher einsammelten und austrugen oder unser Propagandamaterial durch Briefschlitze und Türspalten warfen, hatten wir nicht getroffen. Nicht, daß wir die Tarnung mit Hakenkreuzen verschmäht hätten. Wir waren gar nicht auf die Idee gekommen, ebensowenig, wie wir daran gedacht hatten, daß der Bau oder gar Ankauf eines einfachen Vervielfältigungsapparates weit einfacher gewesen wäre als das ewige Abtippen von Propagandamaterial. [...]

Das abgetippte Material bestand zum Teil [...] aus erbaulichen Gedichten, die meistens ich verfaßt hatte. [...] So wenig konkret diese Parolen waren, so wären solche Verse in vielen Exemplaren in den Taschen von jüdischen Schülern, wenn wir den Nazis in die Hände gefallen wären, doch genug gewesen, um uns nicht nur schweren Mißhandlungen auszusetzen, sondern auch, um uns ins Konzentrationslager zu bringen. [1986]

Oben Briefkopf der NSDAP, die das Wasa-Gymnasium im Mai 1938 als Gauleitungszentrale vereinnahmt hatte
Oben rechts Frieds Gymnasium, Wasagasse 10
Rechts 1938: Vor dem Parlament
(im Hintergrund das Naturhistorische Museum)

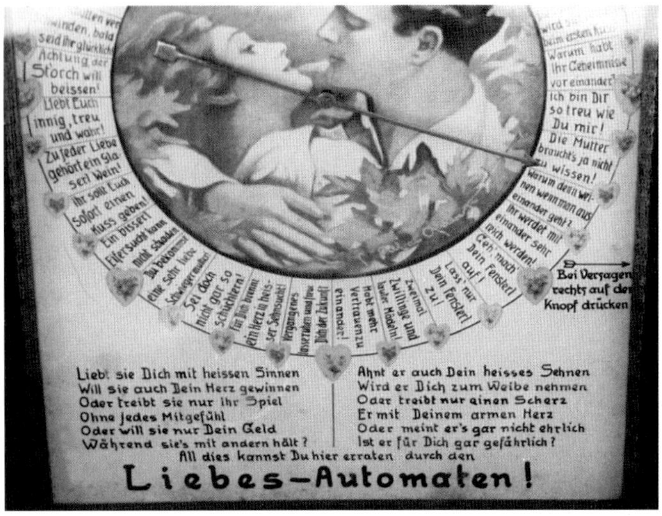

Wiener Liebesautomat (Teilansicht)

Er stand im Foyer eines Wiener Vorstadtkinos der »Flohkino« genannten Kategorie [...]. Der Automat bestand eigentlich nur aus einer runden Glasscheibe mit einem Eisenbauch zur Aufnahme der Münzen. Inmitten der Scheibe zeigte ein Buntbild ein strahlend-schönes Liebespaar mit merklich zum Kuß gespitzten Lippen. Wo diese Lippen sich beinahe trafen, entsprang der große, schwarze Zeiger, der nach Art eines Barometers den Wetterstand der Liebe [...] anzeigte. Dort gab es eine abwechslungsreiche Inschriftenskala [...]. Als Gebrauchsanweisung diente [...] ein Gedicht unter dem Bild der Küssenden:

Liebt sie dich mit heißen Sinnen?
Will dein Herze sie gewinnen?
Oder treibt sie nur ein Spiel
Ohne allen Sinn und Ziel?
Oder will sie nur dein Geld,
Während sie's mit andern hält!? –
Alles das kannst du erraten
Durch den Liebes-Automaten!!! [1944]

Ich war stolz, daß ich die Schnörkelschrift [...] schon entziffern konnte. Eine Liebste hatte ich noch nicht, aber ich dachte darüber nach, wieviele Schicksale sich wohl bei den Kinobesuchern durch die strengen Schiedssprüche des Automaten [...] zum Guten oder zum Bösen wenden mochten. [1982]

In einigen Wochen würde ich siebzehn Jahre alt sein. Eigentlich empfand ich meinen zweiten Besuch geradezu als eine Pflicht, etwas, was ich mir selbst schuldete. [...]

Immerhin wußte ich nun schon, wie sie aussehen würde, und war wenigstens vor Überraschungen sicher. Eigentlich hätte ich es schon vor dem ersten Besuch wissen müssen, denn ihr Photo war in unserer Schulklasse von Hand zu Hand gegangen, sie war sozusagen die Klassenhure. Man kannte ihre Adresse und ihren geringen Preis. [...] In den wenigen Wochen seit meinem ersten Besuch war viel geschehen. Hitler war gekommen, und ich durfte gar nicht mehr zu ihr gehen, das war klar. Nürnberger Gesetze, Rassenschande. Ob ich eingesperrt [...] oder ins Konzentrationslager gesteckt werden konnte, wenn man mich ertappte, war mir nicht ganz klar. [...] Das Unterfangen schien diesmal einen besseren Anfang zu nehmen. Erstens war es nicht mehr so kalt, zweitens gab es in der kleinen Van-Swieten-Gasse zum Unterschied von der Währinger Straße wenigstens keine einzige Hakenkreuzfahne, drittens und hauptsächlich aber fiel mir der Weg ins breite Haustor des niedrigen alten Hauses viel leichter als bei meinem ersten Besuch. [...] Es dauerte auch zu meiner Freude viel länger als das erste Mal. Beim Anziehen sprachen wir miteinander, und als ich ihr zuletzt mehr Geld gab, als vereinbart war, sagte sie freundlich lächelnd »Dankschön, Schatzerl!« Ich fühlte mich glücklich und voller Mut. An die venerischen Krankheiten und ihre persönliche Prophylaxe dachte ich überhaupt nicht mehr. Dafür hatte aber der Gedanke an den eben erfolgreich vollbrachten Verstoß gegen die Nürnberger Rassengesetze nachgerade wirklich etwas vom Nimbus einer Widerstandshandlung angenommen. [1986]

Wien IX, Van-Swieten-Gasse

Das Café Thury (vormals Dotzler, hier eine frühere Aufnahme), in dem die Eltern Frieds mit etwa 30 Freunden bespitzelt und verhaftet wurden. Während die Mutter sofort inhaftiert wurde, mußte der Vater noch mit in die Wohnung zu einer Hausdurchsuchung.

Am 24. April 1938 hatten meine Eltern mit vielen Bekannten ein großes Treffen im Café Thury unten in unserem Wohnhaus, bei dem die finanzielle Ermöglichung der Ausreise mehrerer enger Freunde und Bekannten diskutiert wurde. Ich hatte meine Mutter durch einige skeptische Äußerungen über die Gefahr eines so großen Treffens in einem Kaffeehaus, nun da doch seit sechs Wochen die Nazis in Österreich an der Macht waren, geärgert. Von Gefahr könne gar keine Rede sein, sagte sie, ich solle doch selbst mit hinunter kommen und alles mit anhören. »Nein danke«, hatte ich gesagt, »jemand muß übrig bleiben, wenn ihr alle eingesperrt werdet.« Ich hatte auch noch ein paar hundert Mark von meiner Mutter verlangt, um im Fall ihrer aller Verhaftung für die ersten Tage Geld zu haben und mich um einen Rechtsanwalt, sowie meine Großmutter und meine Verpflegung zu kümmern. Widerwillig hatte sie mir die Geldscheine gegeben und gesagt: »Wenn wir wirklich verhaftet werden, dann finden sie das Geld doch auch bei dir!« [...]

Es kam anders; nur das vertraute leise Geräusch des Schlüssels im Schloß, die Tür ging auf und mein Vater war da.

Ich hatte mich schon lange nicht mehr so gefreut, ihn zu sehen. Aber meine Freude dauerte nur eine Sekunde lang oder vielleicht noch kürzer, denn hinter ihm trat noch ein Mann herein, in Zivil zwar, aber sogar für mich auf den ersten Blick als Polizist zu erkennen. Er sah meine Großmutter und mich an und sagte:

»Hausdurchsuchung.« [...]

Meine Großmutter stand oder saß während der ganzen Hausdurchsuchung in jedem der vielen Zimmer unserer Wohnung da, ohne mit der Wimper zu zucken. Leben kam erst wieder in ihr Gesicht, als die Hausdurchsuchung zu Ende war, übrigens ergebnislos, was aber meinem Vater und meiner Mutter dann wenig half. Auch die Hundertmarkscheine, die ich in der Sicherungsanlage für den Lichtstrom versteckt hatte, waren nicht gefunden worden. Als sich die Tür hinter dem Kriminalbeamten und hinter meinem Vater geschlossen hatte, den ich noch schnell umarmt und geküßt hatte, zum ersten Mal seit vielen Jahren freiwillig, sagte meine Großmutter:

»Krepieren sollen sie alle.« Sie meinte die Polizei und das ganze Hitlerregime.

[1986]

[Das Nächste] war, von einem öffentlichen Fernsprecher aus einen Rechtsanwalt in Deutschland anzurufen, Dr. Günther Weiß, einen alten Nazi und Freund von Rudolf Heß, den meine Mutter aber aus Deutschland kannte und der ein jüdisches Architektenehepaar, [...] Freunde meiner Mutter, gerettet hatte. Meine Mutter hatte mir viel von ihm erzählt, auch, daß er von den Nazis bitter enttäuscht sei. [...] Er verstand augenblicklich und hatte auch, was mir unendlich imponierte, bei sich auf dem Schreibtisch einen Flugplan der Lufthansa liegen, so daß er mir sofort sagen konnte, wann er am nächsten Tag ankommen werde. [...]

Ich faßte schnell Vertrauen zu ihm und übergab ihm außer einem genauen Bericht über den Fall meiner Eltern [...] auch die Papiere, die ich bisher für die Vorbereitung meiner eigenen Ausreise beisammen hatte. [...]

Am Dienstagmorgen sollten wir uns sehen, aber er kam nicht. [...] Er war verhaftet. [...] Dr. Günther Weiß blieb noch lange in Haft, auch noch nach meiner Ausreise nach England, und groteskerweise wurden ihm nach dem Krieg auf Grund seines damaligen Vergehens gegen die für Anwälte gültigen Regeln in Bayern, wo er wohnte, noch die größten Schwierigkeiten gemacht. [1986]

Mein Vater war am Nachmittag des 24. Mai röchelnd, sichtlich dem Tod nahe, von einem Autofahrer und einem Polizisten die vielen (108 oder 113) Stufen zu unserer Wohnung hinaufgehievt worden. Ich war gerade auf dem Weg hinauf, überholte ihn im recht dunklen Treppenhaus, sah einen offenbar sterbenden, röchelnden Menschen mit weißem Stoppelbart und weißem Haarkranz um den ziemlich kahlen Schädel, sah eine Nachbarin, die mit den beiden Männern sprach und weinte, fühlte mich mit schlechtem Gewissen erleichtert, daß dieser sterbende Mensch anscheinend zu ihr gebracht wurde und nicht zu uns, obwohl ja meine Eltern in Haft waren, fragte die Nachbarin: »Frau Liebster, kann ich etwas für Sie tun?« Worauf sie mich an der Hand packte und laut sagte: »Wissen Sie denn nicht, wer das ist? Das ist Ihr Vater!« Ich war kurzsichtig, der Treppenaufgang war ziemlich dunkel, und ich hatte meinen Vater nie weißhaarig oder unrasiert gesehen. Ich hatte ihn nicht erkannt. [...]

Ich bettete meinen Vater in seinem Schlafzimmer, gab ihm zu trinken, verweigerte ihm mit schlechtem Gewissen eine Zigarette, telefonierte unseren alten Hausarzt herbei. Ich wußte genau, daß es zu spät war, daß er sterben werde. Ich war nach außen wie gefroren, bewegte mich effizient, aber mechanisch. Alle meine Empfindungen waren zugleich da. Der alte Haß, die viel ältere Liebe des Kleinkindes und die neuere des Pubertätsmenschen, der zuletzt Verständnis und Kameradschaft erfahren, aber dem Vater doch nie mehr recht trauen gelernt hatte. Mein Entschluß, Schriftsteller zu werden, hatte ihn ungemein gefreut. – Mein Vater sagte mir, man habe ihn während eines Verhörs in den Magen getreten, seither sei es ihm immer schlechter gegangen. Der Arzt kam: »Warum hat man mich erst so spät geholt?« und gab ihm zwei Kampferinjektionen. »Ah, Kampfer!« sagte mein Vater.

Er wußte – genau wie ich –, daß das ein Mittel in letzter Stunde war. Ein vom Hausarzt verständigtes Krankenauto brachte ihn ins Allgemeine Krankenhaus. Ich fuhr mit, wurde aber nach Hause geschickt; ich sollte am nächsten Morgen wiederkommen. Am nächsten Morgen erfuhr ich dort, daß er um 10 Uhr abend gestorben war. [1988]

Der Anwalt Dr. Günther Weiß (mit Ehefrau), der sich auch nach dem Krieg für die Familie Fried eingesetzt hat

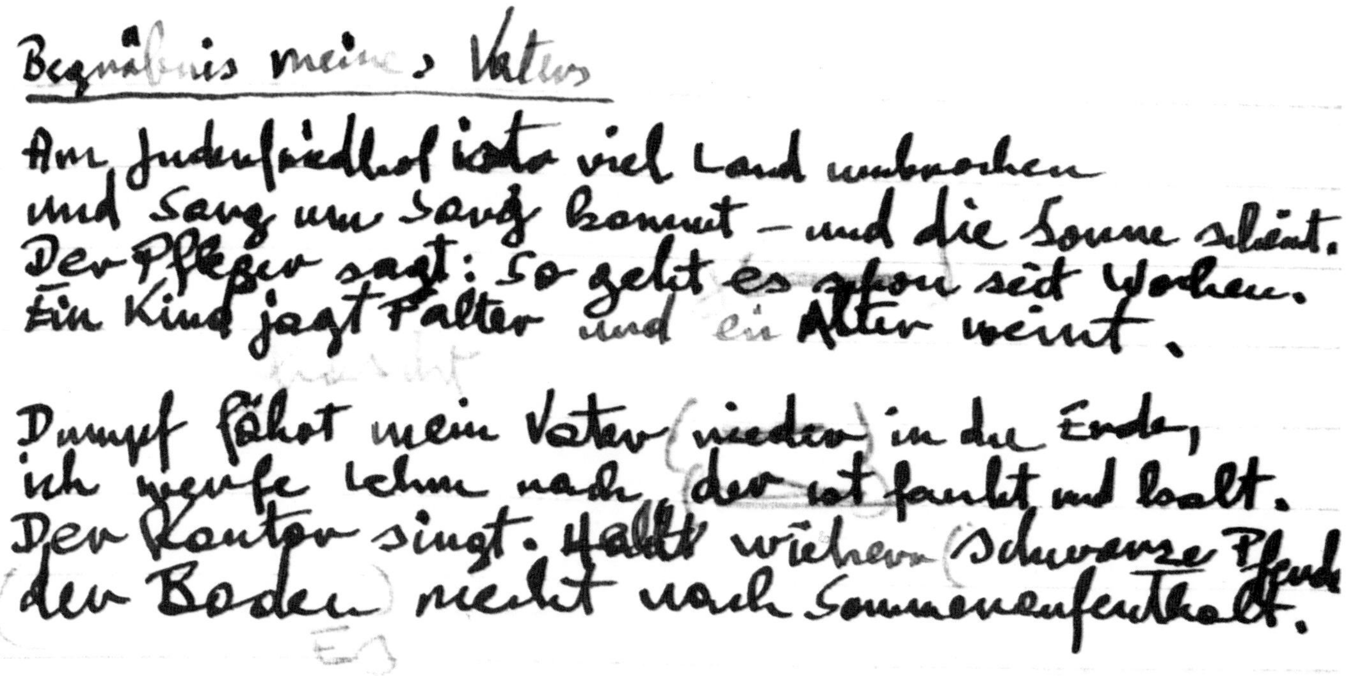
Begräbnis meines Vaters

Am Judenfriedhof ist viel Land umbrochen
und Sarg um Sarg kommt – und die Sonne scheint.
Der Pfleger sagt: So geht es schon seit Wochen.
Ein Kind jagt Falter und ein Alter weint.

Dumpf fährt mein Vater nieder in die Erde,
ich werfe Lehm nach, der ist feucht und kalt.
Der Kantor singt. Hallt wiehern schwarze Pferde
der Boden riecht nach Sonnenaufenthalt.

Begräbnis meines Vaters. Frühe Fassung des Gedichts (eigenhändig mit Korrekturen) in einem Exil-Tagebuch Erich Frieds (Nachlaß)

Erst im Frühjahr 1987 besuchte ich wieder das Grab meines Vaters. Ein schöner Spätfrühlingstag. Der Friedhof nicht voller Betrieb wie damals, als ein Jude nach dem andern begraben wurde, sondern menschenleer. Auf dem Grab meines Vaters zu meiner Überraschung ein kleiner Grabstein mit Namen und Todesdatum und der Inschrift: »Sein Leben war Güte.«

Ich war völlig erstaunt. Konnte meine Mutter diesen Grabstein bestellt haben? Nicht ihr Stil. Sie hätte geschrieben: »Ermordet von den Hitlerleuten« […] oder etwas derartiges. Oder täuschte ich mich? […] Ich glaube, daß Terry, die ich nicht wieder auffand, diesen Stein setzen ließ. [1988]

Die vermutlich von der Geliebten (Terry) des Vaters aufgestellte Grabplatte Hugo Frieds in der neuen Israelitischen Abteilung (Tor 4) des Wiener Zentralfriedhofs

WIENER GLOCKENSPIEL

Nach einem englischen Kinderlied

Laßt euch nicht verlocken!
singen die kleinen Glocken.
Denn kein Sünder wird entfliehn!
läuten die großen Glocken von Wien.
Verharrt nicht im Unrecht!
bimmelt St. Ruprecht.
Umkehr bringt Gnade!
schallt Maria am Gestade.
Zu lang habt ihr's gelitten!
klingt's von den Minoriten.
Keine Schandtat findt Verzeihung!
schlägt die Glocke von der Freyung.
Fremdherrschaft ist bitter!
klagen fern die Karmeliter.
Auf, auf, liebe Wiener!
predigen die Kapuziner.
Bestraft die Verräter!
schreit das Glöcklein von St. Peter.
Du machst mir Kummer, Wien!
brummt vom Stefansturm die Bummerin.

[1945]

Der Wiener Stephansdom

Die große Glocke, die ›Pummerin‹ des Stephansdoms

Die Kirche Maria am Gestade, Wien I

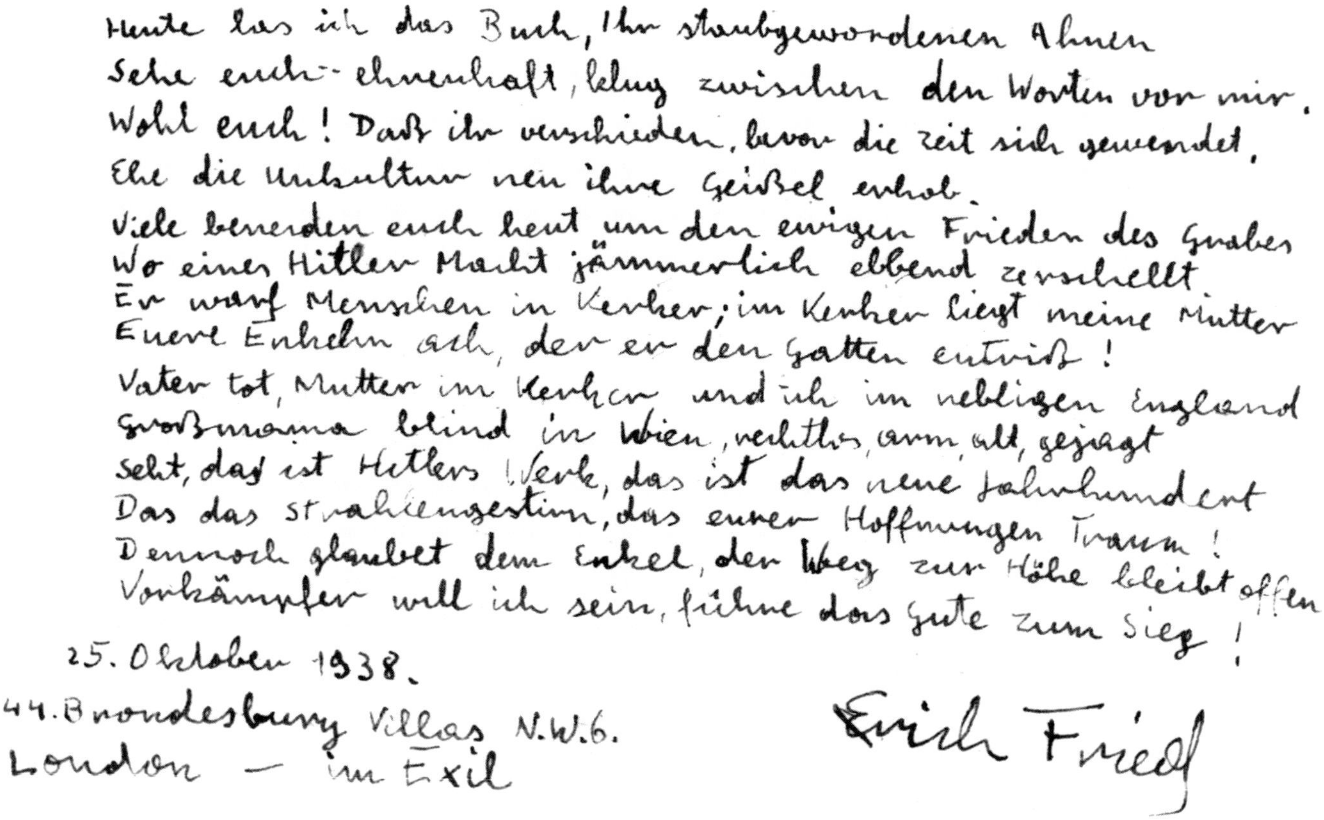

Heute las ich das Buch, Ihr staubgewordenen Ahnen
Sehe euch – ehrenhaft, lebend zwischen den Worten vor mir.
Wohl euch! Daß ihr verschieden, bevor die Zeit sich gewendet,
Ehe die Unkultur neu ihre Geißel erhob.
Viele beneiden euch heut um den ewigen Frieden des Grabes
Wo eines Hitler Macht jämmerlich ebbend zerschellt
Er warf Menschen in Kerker; im Kerker liegt meine Mutter
Euere Enkelin ach, der er den Gatten entriß!
Vater tot, Mutter im Kerker und ich im nebligen England
Großmama blind in Wien, rechtlos, arm, alt, gejagt
Seht, das ist Hitlers Werk, das ist das neue Jahrhundert
Das das Strahlengestirn, das eurer Hoffnungen Traum!
Dennoch glaubet dem Enkel, der Weg zur Höhe bleibt offen
Vorkämpfer will ich sein, führe das Gute zum Sieg!

25. Oktober 1938.
44. Brondesbury Villas N.W.6.
London – im Exil

Erich Fried

Handschriftlicher Eintrag Erich Frieds in ein Poesiealbum der Familie (vgl. S. 15), datiert: 25. Oktober 1938, London – im Exil

Der Wiener Westbahnhof, über den Erich Fried am 4. August 1938 aus seiner Heimatstadt flüchtete

Dem »Dritten Reich« entkommen:
Eine Gruppe von Flüchtlingen bei ihrer Ankunft in einem Londoner Bahnhof, 1939

Londoner Exil

Als Erich Fried am 5. August 1938 (via Belgien) in London eintraf, erwartete ihn in der Victoria Station eine englische Freundin von Nellie Fried, Constance Barnett. Sie beherbergte ihn zunächst im Haus ihrer Mutter in der Amhurst Road (E 8), dann in einer gemeinsamen Wohnung, 44a Brondesbury Villas. Ein »Taschengeld« erhielt der Flüchtling von seinem Großonkel Franz Kalina (vgl. S. 21); geringe Zuwendungen kamen zudem vom »Jewish Refugee Committee«, wo Fried 1939 als Bürogehilfe arbeitete.

Seine erste Sorge galt freilich den zurückgebliebenen Angehörigen. Um ihnen besser helfen zu können und gleichzeitig der Isolation des Exils entgegenzuwirken, scharte er eine Gruppe junger Schicksalsgenossen um sich, die »Emigrantenjugend«. Mit ihrer Unterstützung konnte er bis zum Kriegsausbruch über siebzig Menschen (darunter auch seine Mutter) nach England retten.

Gegen Ende 1939 band sich Fried an den größten österreichischen Flüchtlingsverband in Großbritannien, das antifaschistische »Austrian Centre« und dessen Jugendorganisation »Young Austria« (ab 1943 im Dachverband »Free Austrian Movement«). Seine Gedichte, Erzählungen und journalistischen Arbeiten erschienen nicht nur in den Verbandszeitschriften »Zeitspiegel« und »Young Austria«, sondern auch in den Publikationen nahestehender Exilorganisationen, z.B. dem »Freien Deutschen Kulturbund«. Daneben gab es Versuche am Theater, als Bühnenautor und kurzzeitiger Leiter einer Jugendspieltruppe der Exilbühne »Laterndl«. Geld war damit freilich kaum zu verdienen. Über Wasser hielten ihn ab 1941 Gelegenheitsjobs in der Lebensmittelindustrie, dann eine Anstellung als Bibliothekar des »Austrian Centre«. Zudem entstanden erste Arbeiten für die BBC.

Im Jahr 1938 hat Erich Fried ein weiteres Mal und bis zum Kriegsende noch mehrfach seine Londoner Adresse gewechselt. 1940 wohnte er in einem kleinen Dachzimmer in der Priory Road, zusammen mit Stefan Brill, einem 1945 jung verstorbenen Österreich-Flüchtling. 1942 kam Fried »im Westbourne Court« unter, »einem schäbigen Wohnblock, der sich neben dem Bahnhof von Paddington erhob und mit Ruß und Küchenschaben verseucht war. Ich wohnte dort als Untermieter einer österreichischen kommunistischen Dichterin, Eva Priester, die zwar sehr intelligent war, mit der ich mich aber immer stritt, weil ich sie viel zu orthodox fand«.

Nicht nur die Dichterkollegin im »Austrian Centre« war Fried »zu orthodox«, sondern auf Dauer vor allem die in den Hinterzimmern von Exil-Kommunisten verlangte Parteidisziplin, die jungen Emigranten wie Georg Eisler und Ernst Eisenmayer das Leben erschwerte. Frieds wachsende Distanz zum stalingläubigen Exil (das er in Schulungskursen aus nächster Nähe kennenlernte) war nicht länger überbrückbar, als sich im Oktober 1943 sein Freund, der (auch) von politischem Zweifel verunsicherte, 1925 geborene Dichter Hans Schmeier umbrachte. Nach ihm benannte Fried seinen 1944 geborenen Sohn Hans. Mutter und erste Ehefrau war die sudetendeutsche Exilantin Maria Marburg. Ein weiteres Mal sicherten Aushilfsarbeiten den Lebensunterhalt, so in einer Fabrik des bekannten Wiener Glaswerkstättenleiters Fritz Lampl.

Der Mitarbeit bei den erwähnten Flüchtlingsorganisationen, der sich Fried auch nach seiner Lösung vom harten kommunistischen Kern nicht verschloß, verdankte er zahlreiche Schriftstellerkontakte, nicht nur unter den jungen Literaten (z.B. Arthur West). Unter den schon bekannteren wurden Joseph Kalmer und Hans Flesch (-Brunningen) besonders wichtig. In anderen Exilkreisen ergab sich engerer Austausch mit dem Literaturwissenschaftler Werner Milch, dem Publizisten und Kunsthistoriker Bruno Adler, den Schriftstellern Fritz Gross und Elias Canetti. Bereits ab 1940 traf sich Fried mit dem österreichischen Lyriker Theodor Kramer. Auch Frieds antifaschistische *Deutschland-* und *Österreich-*Gedichte (1944 und 1945) wurden von ›prominenter‹ Seite unterstützt, dem Schauspieler Martin Miller und den Schriftstellern Joseph Kalmer und Robert Neumann.

Erst nach dem Krieg erfuhr Erich Fried, daß seine im Laufe des Jahres 1938 völlig erblindete und deshalb in Wien gebliebene Großmutter 1942 deportiert und 1943 in Auschwitz ermordet worden war.

London: Victoria Station. Den rettenden Bahnhof erreichte Erich Fried nach langer Fahrt am 5. August 1938.

Unten links In England im Alter von etwa 18 Jahren

Unten Das Haus 44 a Brondesbury Villas, NW 6, Erich Frieds zweites Exil-Domizil, das er 1938 zusammen mit Constance Barnett, einer englischen Freundin seiner Mutter, bezog

JUNGES OESTERREICH

Young Austria

PERIODICAL OF THE AUSTRIAN YOUTH ORGANISATION IN GREAT - BRITAIN

3.Jahrgang, Nummer 2 | Preis 1½ d | Ende Jaenner 1941

KOMM ZU UNS

Junges Oesterreich besteht nun fast zwei Jahre. Es ist zu einer Organisation geworden, die immer und ueberall die Interessen der jungen Refugees vertreten hat. Sei es auf wirtschaftlichem Gebiet oder durch die grosse moralische und materielle Solidaritaet mit den Internierten. Sei es durch die Schaffung von engen, freundschaftlichen Beziehungen zur englischen Jugend und aktive Teilnahme am Aufbau des Youth Hostels in Clifton Gardens. Und nicht zu vergessen die riesige Kulturarbeit, die in den vielen Heimabenden und Veranstaltungen steckt. Das "Junge Oesterreich" hat dadurch eine seiner Hauptaufgaben erfuellt, naemlich durch die gesamte Taetigkeit, die ausnahmslos von Jugendlichen durchgefuehrt wurde, eine grosse Anzahl junger Menschen erzogen. Diese Jugendlichen, die haltlos in die Emigration kamen, haben eben durch diese Arbeit, durch die Selbsthilfe und Solidaritaet, ihr Selbstvertrauen wiedergewonnen. Sie haben gelernt, die Dinge nicht zu nehmen, wie sie sind, sondern ihnen kritisch gegenueberzustehen. Sie haben gelernt, dass man viel Schlechtes aendern kann, wenn man nur den festen Willen dazu hat und nicht allein ist, sondern gemeinsam mit vielen anderen fuer seine Ziele arbeitet. Diese Gemeinschaft gibt das "Junge Oesterreich".
Alles, was wir erreichten, konnte nur durch diese Erziehungsarbeit getan werden. Aber das "Junge Oesterreich" und die Refugeejugendgruppen erfassen nur einen Teil der Emigranten. Es muessen noch viel mehr junge Menschen zum "Jungen Oesterreich und den Fluechtlingsjugendgruppen kommen. o x O x o

Doch ach, wohin das Auge blickt,
Es sieht nur Ketten, sieht nur Knuten,
Es sicht gequaelte Voelker bluten
Von Schandgesetzen hart bedrueckt.
Gewalt und Unrecht dort und hier.
Denn wo der Aberglaube wuetet,
Sein Herz und Seel nicht behuetet
Vor Sklavengeist und Ruhmesgier.

Nur dort liegt um des Zaren Haupt
Nicht seines Volkes Dornenkrone,
Wo des Gesetzes heil'ge Sonne
Sich frei zu regen ihm erlaubt.
Wo jeden das Gesetz beschuetzt,
Und wo in gleicher Buerger Haenden
Sein Schwert um Unrecht abzuwenden,
Auch ueber gleiche Haupter blitzt.

A.Puschkin, 1799 - 1837.

JUNGES OESTERREICH
London. 24 Clifton Gardens W.9 Heim:Sa 3-6
124 Westbourne Terr.W.2 Sa 3-6
PresbyterianChurch,Rosslyn Hill NW3 Sa 3-6
Manchester: 77 Richmond Grove
Guildford: "Aldeburie",White Lane
GEMEINSAME JUGENDGRUPPEN
Glasgow: Jugendbund,125 Hill Str.
Leeds: 2 Claremont Villas,Clarendon Rd
Oxford: Coop Hall,Walton Str.Heim:Mittw.½8-½10

Das schmale, aber hohe Haus in der Westbourne Terrace, London W. 2. ist weit mehr als hundert Jahre alt. Es stammt aus der Zeit Königin Victorias und steht noch heute [...].

Da und dort in ganz London hatten sich während des Zweiten Weltkrieges die verschiedensten Flüchtlingsorganisationen eingenistet, hier in der Westbourne Terrace die weitaus größte, das »Austrian Centre«, mit seiner Jugendorganisation »Young Austria«.

Büroräume, auch ein größerer Sitzungssaal für den linken Kern der Flüchtlingsorganisation. Aber der Sitzungssaal diente auch als Kleinkunstbühne und als Festsaal bei größeren Veranstaltungen, und unter ihm befand sich das billige Eßlokal für die Flüchtlinge, das aber die besten Traditionen der Wiener Küche hochhielt, und daneben die kleine Leihbibliothek, ein Raum nur. [1986]

Oben links Sitz der Londoner Flüchtlingsorganisation »Austrian Centre« in der Westbourne Terrace
Darunter Der Eingang zu den Jugendräumen des »Austrian Centre«
Oben Die anfänglich noch auf Matrize abgezogene Zeitschrift des »Young Austria« in London, hier die Nr. 2/1941, die ein frühes Gedicht von Erich Fried enthält (vgl. S. 64)

Ich war der Bibliothekar. Hinter meinem Tisch und rechts von ihm zwei Bücherwände, vor mir der Schrank mit einigen zu reparierenden Büchern, der auch das geringe Geld für Leihgebühren und Ersatz für verlorene Bücher enthielt. Auf meinem Tisch Karteien und Papiere, Mahnbriefe an säumige Entlehner, Flugblätter, die auf Veranstaltungen aufmerksam machten, und allerlei Kram. Natürlich auch Bücher, in denen ich las, wenn ich gerade einige freie Minuten hatte.

Die Bücher waren teils von Flüchtlingen gespendet, teils von den Gründern des Austrian Centre selbst beigesteuert oder neu gekauft; die neuen waren meistens Werke linker Autoren, die den Gesichtskreis der Leser nach dieser Seite hin erweitern sollten. Besonders die gespendeten Bücher waren von schwer zu beschreibender Vielfalt. Neben einigen in Leder gebundenen Bänden aus dem 18. Jahrhundert gab es mehr oder minder abgegriffene Taschenbücher aus der Weimarer Republik, dann wieder prachtvolle, aber sehr oft unvollständige Klassikerausgaben; Jugendstilbücher, Kunstbücher, historische Romane, philosophische Abhandlungen, Essays, Kinderbücher, Gedichtanthologien, dazwischen alte Reiseführer und Schulbücher.

[1986]

Oben Lesesaal des »Young Austria«, 1942; die Wandmalerei von Frieds Wiener Jugendfreund Ernst Eisenmayer zeigt den Stephansdom, den Karl-Marx-Hof und eine Mai-Demonstration in Wien.
Mitte Tischtennisraum im Jugendhaus des »Young Austria«: In der Mitte (sitzend, mit Brille) Erich Fried
Unten Der Chor des »Young Austria« unter der Leitung von Ernst Weiss präsentiert auf einer Exilveranstaltung vor über 2500 österreichischen Flüchtlingen am 28. Juni 1942 im Londoner Stoll Theater u. a. eine Vertonung von Erich Frieds Gedicht *Wir stürmen das Land.*

COTTAGE CAFE
NEXT DOOR TO SWISS COTTAGE ODEON
Open 11 a.m.—11 p.m.
We serve special Vegetable Luncheons for 1/6
(best English and Continental cooking)
Snacks Coffee Tea
Home-made Sweets
in pleasant surroundings

DAS LATERNDL
6. Programm
"Laterna Magica"
Regie : MARTIN MILLER.

Musik .. .. KAETE UND GEORG KNEPLER
Bühnenbild und Kostüme .. .. FRANZ HOFFER
Ausführung der Kostüme .. .. RITA MOIRET
Technische Einrichtung .. .. EDUARD BICZ

I
STOFFWAHL
Verkäuferin .. .. HANNE NORBERT
Der Käufer .. .. .. MARTIN MILLER
Die Käuferin .. .. .. LILY DURA

II
RING—RUND *Erich Fried.*
Ferdl .. .. .. JARO KLUEGER
Granit-Schani .. .. FRITZ SCHRECKER
Gustl .. .. .. FRITZ RICHTER
Eine Frau in Trauer .. MARIANNE WALLA

LUNCH .. DINNER .. CABARET .. TEA DANCES
L'AUBERGE DE FRANCE
PICCADILLY CIRCUS
(in the Winston Hotel)
GRAND DANCE ORCHESTRA
Thé Dansant—Wed., Thurs., Fri. & Saturday, 4 to 6.30.
Dinner Dance Cabaret—7.30 to 12, à la Carte.
French Food—Moderate Prices—Music at lunch time
Book your Tables by phone—Whitehall 7361

III
NAPOLEON GREIFT NICHT EIN *Franz Hartl.*
Puttinger .. .. MARTIN MILLER
Adamek .. .. .. FRITZ RICHTER
Frau Reindl .. .. MARIANNE WALLA
Ein seltsamer Kunde .. FRITZ SCHRECKER
Ein Stratege .. .. JARO KLUEGER

IV
EIN FESTSPIEL *Goethe.*
("Des Epimenides Erwachen". Bearbeitet von *H. F. Königsgarten.*)
Dämon der Unterdrückung .. MARTIN MILLER
Dämon des Krieges .. GERHARD KEMPINSKI
Dämon der List .. FRITZ SCHRECKER
Diplomat .. .. FRITZ RICHTER
Glaube .. .. .. HANNE NORBERT
Liebe .. .. .. LILY DURA
Hoffnung .. .. .. MARIANNE WALLA
Arbeitsmann .. .. JARO KLUEGER

PAUSE

V
IT HAPPENED BEFORE *H. F. Königsgarten.*
Mr. Walker .. .. FRITZ RICHTER
Mr. Sidebotham .. GERHARD KEMPINSKI
Newsman .. .. .. FRITZ SCHRECKER

Links Programmzettel der österreichischen Exilbühne »Laterndl« in London, 1941. Regie bei dem »Szenenabend«, bei dem auch Frieds Einakter *Ring-Rund* aufgeführt wurde, führte Martin Miller (eigentlich Rudolf Müller, geb. 1899). Im Vorwort zu einer Neuauflage seiner Exilgedichte schrieb Fried zu seinem Band *Österreich* (vgl. S. 66): »Die Druckkosten trug der österreichische Schauspieler Martin Miller, der im Londoner Exil als einer der ersten meine Verse öffentlich vorgelesen hatte«.
Oben rechts Martin Miller parodiert im Exiltheater Adolf Hitler.

Postkarte des »Young Austria« zur Ausstellung »Austria shall be free« im Kaufhaus Boots, Piccadilly Circus, 1943. Fried hat die Ausstellung im »Zeitspiegel« (London) Nr. 16, 31. Juli 1943, besprochen.

Über den Piccadilly Circus klingen österreichische Lieder. Sie kommen aus den Lautsprechern der Ausstellung »Austria shall be free«. [...] Die Passanten bleiben stehen [...]

Von 9 Uhr vormittags bis 10 Uhr abends kommen Besucher einzeln oder in Gruppen, betrachten prüfend Skier und Lederhosen, Trachtenhüte und Töpferarbeiten und treten dann den Rundgang von Bildertafel zu Bildertafel an. Die Bilder knüpfen an Vorstellungen an, die vielen aus dem Kino geläufig sind. Wer das Weiße Rößl, den Stephansdom, den Heurigen und die Trachtenbilder sieht, der denkt: »Aha, Österreich!« Damit aber ist er auch den Tatsachen österreichischen Lebens und österreichischer Geschichte aufgeschlossen, von denen ihm noch kein Film und kaum eine Zeitung erzählt hat.

Die Bilder führen weiter. Alte Stiche zeigen Österreichs Tradition, durch Verteidigung seiner Unabhängigkeit Bollwerk der europäischen Zivilisation zu sein – Bilder aus den Tagen der Republik, aus dem Kampf um die Unabhängigkeit im März 1938, Bilder der Quislinge und der deutschen Soldaten in Wien. [...]

Freunde aus dem Jungen Österreich versehen den freiwilligen Dienst in unserer Ausstellung und helfen mit, Tausende für unsere Sache zu gewinnen: »Austria shall be free«, Österreich wird frei sein!

6000 Leute haben in den ersten Tagen unsere Ausstellung am Piccadilly Circus besucht. [1943]

Georg Eisler, Sohn des Komponisten und Brecht-Mitarbeiters Hanns Eisler, im englischen Exil, später ein profilierter Maler in Wien

Titelblatt der Anthologie »Die Vertriebenen«, London 1941. Die Gemeinschaftspublikation des »Freien Deutschen Kulturbundes«, des »Austrian Centre« und »Young Czechoslovakia« enthält Texte von prominenten sowie damals debütierenden Exildichtern, darunter Erich Fried. Mitautoren, die Erich Fried in England (näher oder flüchtig) persönlich kennengelernt hat, sind u.a.: Rolf Anders (d.i. Rolf Heinrich Thöl), Rudolf Fuchs, Max Herrmann-Neisse, Kuba, Judith M. Sternberg (s. auch S. 65) und Eva Priester, bei der er eine kurze Zeit zur Untermiete gewohnt hat (vgl. S. 55).

Georg Eisler habe ich mitten im Krieg kennengelernt, in London, wohin er zu Besuch kam. Er und ich waren Mitglieder der Emigrantenorganisation »Young Austria«, hinter der der Kommunistische Jugendverband Österreichs stand [...]. Georg war einige Jahre jünger als ich, ein rundlicher, ernsthafter Junge mit großen Augen, der schnell und witzig sprach [...]. Einige Zeit später kam es bei Georg zu einem Konflikt zwischen der Funktionärsschulung mit all den Pflichten, deren Erfüllung die Organisation von ihm erwartete, und seinem Wunsch, wirklich Maler zu werden, daher auch ein Kunststudium zu absolvieren. Mindestens *ein* maßgebender Funktionär der Jugendorganisation hatte sich gegen Georgs Wünsche entschieden, und Georg sollte unter Berufung auf seine Disziplin zur Mehrarbeit als Funktionär angehalten werden, denn seit die Sowjetunion von Hitlers Drittem Reich angegriffen worden war, nannten wir offiziell jedes Jahr »das Jahr der Entscheidung«.

Ich hielt Georgs Kunststudium für wichtig und brachte einige kunstverständige »erwachsene« Genossen, das heißt Mitglieder der Partei, nicht des Jugendverbandes, dazu, für Georg zu intervenieren. Daraufhin gab die Organisation nach, was mir in einem denkenswerten Gespräch mitgeteilt wurde. Einer unserer Organisationsleiter kam und machte mir Vorhaltungen, warum ich mich immer in anderer Leute Angelegenheiten einmische. Ich meinte, weil manche andere Leute von den Problemen junger Künstler nicht genug verstünden, und versuchte ihm auch klarzumachen, daß es, auch wenn es nicht meine eigene Sache sei, doch so etwas gebe wie Solidarität.

Diese Belehrung empfand er anscheinend als Anmaßung und sagte etwas schroff: »Aber wir brauchen keine Maler, wir brauchen Funktionäre!« »Was werdet ihr aber nach dem Krieg tun, wenn ihr Maler braucht?« fragte ich. »Ganz einfach, wir nehmen einen Nazimaler und stellen ihm zwei Genossen hin, die aufpassen, daß er das malt, was wir von ihm verlangen.« »Das geht natürlich«, sagte ich, »hat aber einen Haken.« »Nämlich?« »Die Bilder werden alle aussehen wie die Gemälde aus der Sowjetunion«, sagte ich. »Was willst Du damit sagen?« »Na«, erwiderte ich, »natürlich der letzte Dreck auf Erden!«

Ich sollte heute vielleicht erklärend hinzufügen, daß dieses vernichtende Urteil nur den anerkanntesten Malern der größten Ölschinken galt, nicht den mehr am Rande und daher wesentlich freier und ungestört arbeitenden kleinen Illustratoren. Jedenfalls genügte meine Bemerkung, um den vorgesetzten Genossen einigermaßen böse zu machen. »Eigentlich sollten wir Dich hinausschmeißen«, sagte er, erklärte aber dann, das würden sie nicht tun, weil ich als Dichter noch nützlich sein könne. »Aber«, schloß er, »eines kann ich Dir sagen, Leute wie Du werden eines Tages erschossen.« Ich nickte zustimmend. »Wenn ich euch nach dem, was bisher geschehen ist, irgend etwas glaube, dann glaube ich euch das!«

Darauf drängte er zum Schluß der Debatte: »Genug! Deinen Georg Eisler kann der Teufel holen!« »Ich nehme an«, fragte ich, »daß das eure charmante Art ist, mir mitzuteilen, daß er jetzt doch Malerei studieren darf?« Das war es auch. [1987]

LIEBENDE IM HYDE PARK

Bin ich auch nur ein Soldat,
hocken dir viele zu Haus,
dehnt doch als Lagerstatt
uns sich der Hyde Park aus.

Gehn wir, mein Mädel, vorbei,
wos aus dem Ginsterbusch lacht.
Lass sie allein, die Zwei.
Raum hat die Nacht.

Wo übers Herbstlaub sich senkt
niedriges Buchengeäst,
ist uns ein Winkel geschenkt,
heimlich, zum Nest.

Hinter den Stauden dort
plätschert die Serpentine.
Fern schnurren Autos fort,
wir sind allein.

Nun sich ins Dunkel schmiegt
rings um den Park die Stadt,
wird, wer hier atmend liegt,
ruhig und satt.

Gleich wie das Suchlicht streift
hoch an den Himmelsrand,
tastend und zärtlich greift
dich meine Hand.

[1943]

Oben Der Londoner Hyde Park im Herbst, in dem das 1943 veröffentlichte Gedicht spielt. Die Wahl des Rollengedichtes, in dem ein Soldat der Alliierten, offensichtlich ein österreichischer Freiwilliger, spricht, läßt auf den Einfluß des befreundeten Exillyrikers Theodor Kramer schließen.
Rechts »The Serpentine«, Teichanlage im Hyde Park

Bombenschäden, im Hintergrund The Houses of Parliament mit dem Big Ben

»Dudelbags« nannte man sie. Die haben gebrummt, und wenn sie aufgehört haben zu brummen, dann wußte man, jetzt muß man irgendwo Deckung suchen – dann kamen sie runter. [...] Aber das viel Interessantere waren die schweren V 2-Raketen. Die hat man erst gehört, wenn sie bereits eingeschlagen waren; wenn man also wußte, die hat mir nichts getan, sonst hätte ich sie ja nicht mehr gehört. [1986]

Rechts V-Raketen in Richtung London, 1945
Unten Nach deutschem Fliegerangriff: Brennende Gebäude am Piccadilly Circus, 1940

Londoner Kriegswinter: »Tote Häuser« im Schnee. Eins hat Erich Fried in einem frühen Gedicht beschrieben, das in der Zeitschrift »Young Austria«, Nr. 2/1941, erschien.

DAS TOTE HAUS.

Von meinem Fenster kann ich ein Haus sehen,das Von Brandbomben zerstoert worden ist. Der Schnee, der an den verkohlten Resten seiner Dachsparren keinen Halt findet, hebt es scharf von den anderen Haeusern ab ,besonders nachts, wenn der Mond scheint.

Seit der Schnee fiel,tragen jede Nacht
alle Haeuser weisse Pyramiden,
Eins ist von den andern nur verschieden-
Dieses eine hat man umgebracht.........

Vor dem Schneefall merkte man es kaum,
aber jetzt, da alle Daecher schimmern,
greifen ueber ausgebrannten Zimmern
hier nur dunkle Sparren in den Raum.

Schnee umhuellt sonst alles, Schnee versteckt
tote Voegel, Blaetter, muede Erde -
Dieses Opfer hat er aufgedeckt !

Dass er nicht des Mordes Hehler werde
floh er die Ruine -wie erschreckt. -
Schwarze Balken drohn der Haeuserherde.

Erich Fried.

Rechts Hochzeit von Arthur und Edith West in London am 31. Juli 1943; im Hintergrund der Trauzeuge Erich Fried

Unten Eigenhändige Eintragungen Erich Frieds in ein Exil-Tagebuch, Januar 1944 (Nachlaß). Bemerkenswert die Liste der Schriftsteller, denen der junge Exildichter zu schreiben vorhatte, z. B. Lion Feuchtwanger und Bertolt Brecht. An Heinrich und Thomas Mann hat er später tatsächlich seine *Deutschland*-Gedichte geschickt. Zu Robert Neumann vgl. S. 66. – Die Eintragung vom 15. Januar 1944 belegt, daß sich Arthur West (damals noch Arthur Rosenthal) bei Frieds Hochzeit als Trauzeuge revanchierte.

Unten rechts *An einen Selbstmörder*, Gedichttyposkript vom 22. Juli 1944 mit eigenhändigen Korrekturen (Nachlaß, unveröffentlicht). Unter dem Selbstmord seines vier Jahre jüngeren Exilfreundes Hans Schmeier im Oktober 1943 hat Erich Fried sehr gelitten. Auch noch sehr viel spätere Texte sind Schmeier gewidmet oder spielen auf dessen Freitod an.

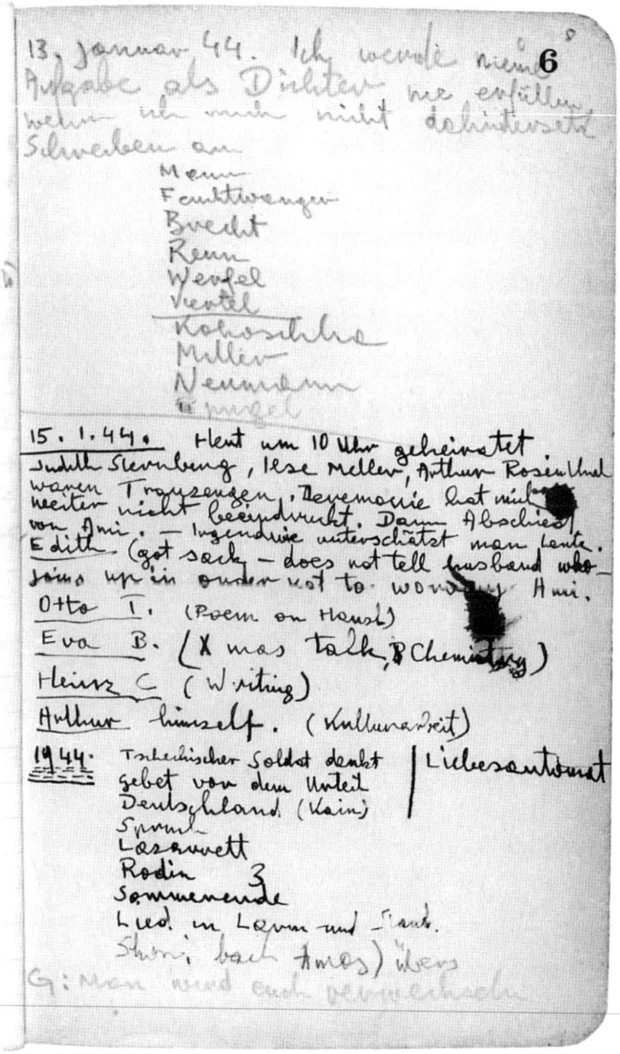

6

13. Januar 44. Ich werde meine Aufgabe als Dichter nie erfüllen wenn ich mich nicht dahintersetz

Schreiben an

Mann
Feuchtwanger
Brecht
Renn
Werfel
Viertel
Kokoschka
Müller
Neumann

15. 1. 44. Heut um 10 Uhr geheiratet Judith Sternberg, Ilse Meller, Arthur Rosenthal waren Trauzeugen. Zeremonie hat mich weiter nicht beeindruckt. Dann Abschied von Ami. – Irgendwie unterschätzt man Leute. Edith (got sack – does not tell husband who joins up in order not to worry Ami.

Otto T. (Poem on Haus)
Eva B. (X mas talk, Chemistry)
Heinz C (Writing)
Arthur himself. (Kulturarbeit)

1944. Tschechischer Soldat denkt | Liebesantwort
gebet von dem Urteil
Deutschland (Kain)
Spruch
Lazarett
Rodin 3
Sonnenwende
Lied. in Lorm und -
Sh...; bach Amos) übers
G: Man wird auch vermachen

7

<u>An einen Selbstmoerder</u> Erich Fried

(fuer Hans Schmeier)

Als du lagst, hinuntergefallen
von dem Haus in die tiefe Stadt,
die nicht Rettung geworden ist, allen,
die sie aufgenommen hat,

kamen noch einmal die reinern Nachtwinde
lindernd zu deinem krausen Haar,
barg dich Dunkel, dass keiner dich finde ...,
weil es zu ~~zeitig~~ Frühe war.

Denn da stand noch ein rotes Droehnen
aus deinen Ohren in deinem Hirn,
und du brauchtest Zeit, dich zu gewoehnen
an die Kaelte auf deiner Stirn.

Als sie dich aber morgens fanden,
fiel dir das Totsein nicht mehr schwer,
und sie stoerten dich nicht. Sie verstanden
und wurden ernst um dich her.

22. Juli. 44.

Deutschland,
Erich Frieds erster Gedichtband, erschienen 1944 in London

Österreich,
die zweite Gedichtsammlung (Zürich 1946, recte: London 1945), die Fried seinem früh verstorbenen Exilfreund Stefan Brill widmete

Unten links Politisches Vorbild: Hans Flesch-Brunningen (1895–1981), Mitbegründer des »Freien Deutschen Kulturbundes« und später des politisch gegensteuernden »Club 43«, hier am Mikrophon der BBC, für die er (mit Unterbrechungen) zwischen 1939 und 1958 arbeitete, in der Nachkriegszeit gelegentlich auch zusammen mit Erich Fried

Unten rechts Dichterisches Vorbild: Der österreichische Exillyriker Theodor Kramer (1897–1958)

Ganz unten Robert Neumann auf einer Großkundgebung des »Free Austrian Movement« im Januar 1942 in London. Der bereits 1934 nach England emigrierte Wiener Schriftsteller hat sich nachdrücklich für die Veröffentlichung von Frieds *Deutschland*-Band durch den österreichischen Exil-P.E.N. eingesetzt, dessen Mitbegründer er war.

Vermutlich Mitte der vierziger Jahre

Literarischer und politischer Berater im Exil,
der Breslauer Literaturhistoriker Werner Milch (1903 - 1950)

64 b Belsize Park Gardens, London NW 3, das Haus, in dem Erich Fried gegen Kriegsende und in der unmittelbaren Nachkriegszeit lebte

Etwa 1947

Unten links Als Londoner Korrespondent von Alfred Anderschs Literaturzeitschrift »Texte und Zeichen«, Mitte der fünfziger Jahre
Unten rechts Als BBC-Mitarbeiter, 1959

Langsame Rückkehr zum Kontinent

Nach dem Krieg wollte Erich Fried nicht nach Österreich zurückkehren. Auch eine Übersiedlung nach Deutschland schloß er (vorerst) aus. Die Gründe dafür waren komplex und hingen – unter anderem – damit zusammen, daß er mit den politischen Zielen seiner in ihre Heimatländer zurückdrängenden kommunistischen Ex-Genossen nicht übereinstimmte und sie gleichzeitig nicht bekämpfen wollte. So blieb er anfänglich einigermaßen »verzweifelt« in England zurück. Nach wie vor war auch das Geld knapp. Der Zurückgebliebene mußte sich weiterhin als Hilfsarbeiter in Fritz Lampls Londoner Glasfabrik über Wasser halten, bis 1948, als ihm eine andere Glasfabrik eine bessere Stellung anbot, er somit nur halbtags zu arbeiten brauchte und mehr Zeit fürs Schreiben hatte. Seine Ehe mit Maria Marburg war bereits nach zwei Jahren zu Ende gegangen. Verschiedene, mehr oder weniger glücklose Liebschaften folgten, darunter die Begegnungen mit Hanneli Heuser (zweite Hälfte der vierziger Jahre) und Annette Schiøler (Ende der vierziger/Beginn der fünfziger Jahre). Quasi parallel dazu unterzog er sich zwei Analysen, einer nach Freud (1948) und einer nach C. G. Jung (1950–52).

Unter all diesen schwierigen Umständen versuchte der junge Schriftsteller zunächst, seine Kenntnisse des traditionellen Dichter-Handwerks zu vertiefen wie auch eigene ›neue‹ Wege zu finden. Beim Überarbeiten von Gedichten, journalistischen Beiträgen und Übersetzungen half ihm in den ersten Nachkriegsjahren sein Exil-Freund Joseph Kalmer. ›Literarisches Gewissen‹ waren ihm in dieser Zeit hauptsächlich die belesenen Emigranten Bruno Adler und Werner Milch. Schritte in die moderne Dichtung unternahm er unter dem Einfluß der englischsprachigen Literatur, aber vor allem im Austausch mit dem Exilschriftsteller Franz Baermann Steiner, den er über Elias Canetti kennengelernt hatte. Fried war der eigentliche Motor, der mit Hans Eichner, H. G. Adler, Hans Werner Cohn und anderen eine Dichtergruppe um Franz Baermann Steiner begründete, die ab 1947 bis zum Beginn der fünfziger Jahre zusammenarbeitete. Gleichzeitig wandte er sich wieder dem Kontinent zu, korrespondierte mit Elisabeth Langgässer in Berlin, die ihrerseits den Kontakt zu dem Hamburger Verleger Eugen Claassen herstellte. Freilich konnte sich Fried trotz dieser Beziehungen vorerst nur langsam durchsetzen. Zunächst mußte er sich mit kleineren verstreuten Publikationen, vorwiegend Gedichten, begnügen, in den Alliierten-Magazinen »Neue Auslese« und »Blick in die Welt« (bis 1950) und wenigen deutschen, österreichischen und schweizerischen Zeitschriften und Anthologien. Lesungen waren vorerst nur in England möglich, z. B. im »Club 43« oder bei den Veranstaltungen der »Anglo-Austrian Society«, wo er 1951 immerhin zusammen mit Felix Braun und Ingeborg Bachmann auftrat.

Wie bereits vor 1945 zog Erich Fried zwischen 1946 und 1960 mehrfach um. In den fünfziger Jahren sind seine Londoner Hauptadressen 34 Dartmouth Park Road und 94 Fleet Road, die er ab 1952 mit seiner zweiten Ehefrau Nan Spence (-Eichner) teilte. Der zweite Sohn, David, wurde 1958 geboren.

Grundlegend verbesserte sich die materielle Situation erst ab 1950. Fried arbeitete nun verstärkt für die BBC, die ihn 1952 als politischen Kommentator für ihr deutschsprachiges ›Ostzonen‹-Programm einstellte. Eine Dienstreise führte kurz danach zum ersten Mal nach Deutschland, nach (West-) Berlin. Der BBC verdankte Fried auch den öffentlichen Durchbruch als Übersetzer. Als terminlich äußerst knapp angesetzte Auftragsarbeit hatte er 1954 das mittlerweile legendäre »Spiel für Stimmen« von Dylan Thomas ins Deutsche übertragen, *Unter dem Milchwald.* »Kongenial« urteilten einzelne Rundfunk-Kollegen und auch viele Hörer auf dem Festland. Dort akzeptierte nun auch der Suhrkamp Verlag Fried als Eliot-Übersetzer.

Der Lyriker, der 1958 bei Claassen seinen ersten westdeutschen Band mit dem schmucklosen Titel *Gedichte* veröffentlichte, blieb angesichts dieser Erfolge noch im Schatten, jedoch nur beim großen Publikum, denn zu dieser Zeit besuchten ihn schon Kollegen wie Ernst Jandl, Hans M. Enzensberger und H.C. Artmann. Von Frieds literarischem Gespür war auch Alfred Andersch überzeugt, der ihn 1955 zum London-Korrespondenten seiner Zeitschrift »Texte und Zeichen« machte (bis zu ihrem Ende 1957): Der Kontinent war wieder näher gerückt.

Links 7 Hill Road, London NW 8, von Erich Fried um 1947 bewohnt
Oben rechts 15 Moatlands House, Cromer Street, WC 1, Frieds Unterkunft um 1948/49
Unten links 4 Heath Hurst Road, NW 3, vorübergehende Bleibe im Jahr 1950
Unten rechts 34 Dartmouth Park Road, NW 5, Frieds Wohnung in der ersten Hälfte der fünfziger Jahre

Oben links In der zweiten Hälfte der vierziger Jahre
Oben rechts In den vierziger Jahren
Links Maria Fried (geb. Marburg) mit Sohn Hans, um 1952

Unten links Mit dem etwa zweijährigen Sohn Hans
Unten rechts Mit dem etwa sechsjährigen Sohn Hans

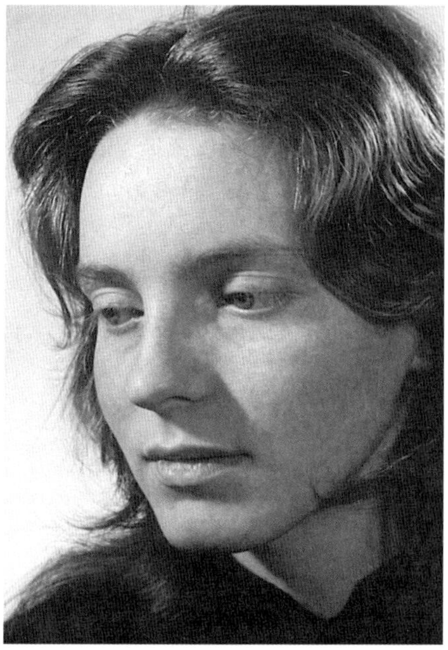

Oben links Hanneli Plemmons (geb. Heuser), Frieds Freundin in der zweiten Hälfte der vierziger Jahre
Oben Mitte In den frühen fünfziger Jahren
Oben rechts Annette Schiøler, Geliebte in den frühen fünfziger Jahren

Unten rechts Nan Fried (geb. Spence), erste Frau von Frieds Freund Hans Eichner, zweite Frau Erich Frieds
Unten links Nan und Erich Fried

Oben links Mit Sohn Hans, zweite Hälfte der fünfziger Jahre
Oben rechts Mit (v. l. n. r.) Hans, Nan, Nans Mutter Marion, zweite Hälfte der fünfziger Jahre

Unten links Mit Sohn David im Kinderwagen, 1959
Unten rechts Mit Nan vor dem Haus 94 Fleet Road, NW 3, Frieds Domizil in der zweiten Hälfte der fünfziger Jahre

Dylan Thomas: *Unter dem Milchwald.* Deutsche Nachdichtung von Erich Fried. Heidelberg 1954

Dylan Thomas (1914 - 1953), den Fried persönlich kennengelernt hat

1955 mit Dylan Thomas' Buch »A Prospect to the Sea«, dessen deutsche Übersetzung von Erich Fried (*Ein Blick aufs Meer*) 1961 erschien

Es ist schwer, über Dylan Thomas zu schreiben. Wenn ich ihn nie gesehen hätte oder nur ein einziges Mal, womöglich aus einiger Entfernung, wäre es leichter, denn dann könnte ich glauben, ihn zu kennen. Daß man einen Dichter kennt, sagt man ja gerne, sobald man einen Teil seiner Arbeiten gelesen hat.

Beim zweiten oder zehnten Lesen eines Gedichtes findet man mitunter eine neue, tiefere, bestechende Bedeutung, die der Dichter vielleicht nur unbewußt in sein Werk verwoben hat, die aber doch gilt ‹und› nicht mehr abzuweisen ist. Das geschieht manchmal. Bei Dylan Thomas aber geschieht es ununterbrochen. Ich habe seine Gedichte gelesen, Zeile für Zeile, viele Male, und manche übersetzt (obwohl sie eigentlich ihrer Lautassoziationen wegen unübersetzbar sind); und ich habe sie aus seinem eigenen Mund gehört, in seiner dröhnenden, aber bis ins kleinste modulationsfähigen Stimme; und immer wieder haben sich die Bilder und Worte verschränkt und gepaart, manchmal lustig, spielend (denn Thomas wußte, wie wichtig das Spiel ist) oder aus Freude an der Fülle des Lebens; manchmal bitterernst, unter dem Druck der auf den Menschen einstürmenden Eindrücke und Gedanken, die mit den in ihm schon angesiedelten oder ererbten Gedanken, Trieben, Hoffnungen und Ängsten zusammenkommen oder zusammenstoßen.

Wie bei einem Eisenbahnzusammenstoß die Wagen zerbrechen und sich ineinander verschachteln, so rammen einander in den Gedichten von Dylan Thomas die Worte und Bilder. [1959]

Rechts An der Schreibmaschine, um 1947, beim Herstellen von Matrizenabzügen, wie sie die Dichtergruppe um Fried und Franz Baermann Steiner für ihre frühen Publikationen verwendete
Oben links Franz Baermann Steiner
Darunter H. G. Adler, ein weiteres Mitglied der Dichtergruppe

Erich Fried an Richard von Weizsäcker, 12. März 1987:
Als relativ erfolgreicher Lyriker und Schriftsteller möchte ich Sie darum bitten, sich für einen von der Vergessenheit bedrohten großen deutschsprachigen Dichter zu verwenden. Franz Baermann Steiner, geboren 1909 in Prag, gestorben im Exil, in Oxford, wo er Ethnologe war, Dozent 1952.

Michael Hamburger, Elias Canetti, Paul Celan, Heinrich Böll, Peter Weiss und andere – ebenso wie ich – halten bzw. hielten ihn für einen der wichtigsten deutschen Dichter seit fünfzig oder siebzig Jahren. Die Akademie in Darmstadt hat 1954 einen Auswahlband aus dem Nachlaß veröffentlicht, »Unruhen ohne Uhr«, der aber keinen genügenden Überblick über sein Werk gibt, das von der deutschen Mystik bis zu afrikanischer Folklore und indianischer Poetologie und dann wieder zu Kafka einen Bogen und daneben die originellsten Dichtungsformen und Gedanken zuwege gebracht hat.

Rechts Widmung T. S. Eliots für Erich Fried in ein Exemplar seines Stückes »The Elder Statesman« (New York 1959), – erhalten in Frieds Nachlaßbibliothek
Unten T. S. Eliot: *Ein verdienter Staatsmann.* Deutsche Übertragung von Erich Fried. Frankfurt a. M. 1959

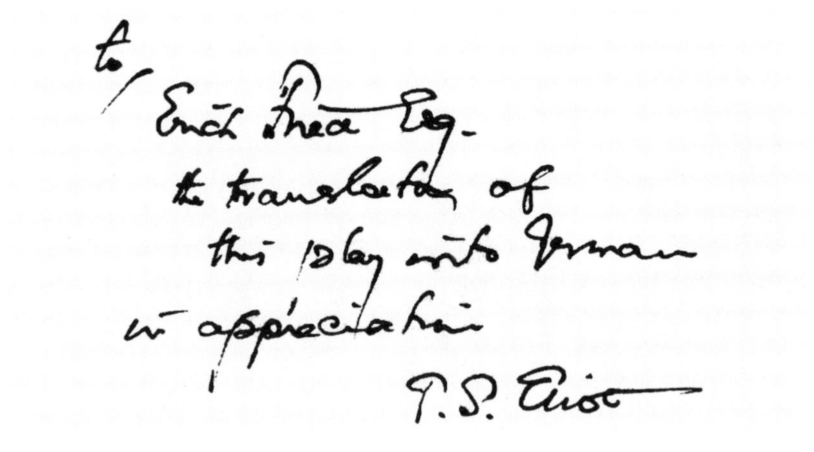

T. S. Eliot: Die Welt

Heimat ist, von wo man ausgeht. Indes wir altern, / Wird die Welt fremder, und tiefer verworren das Muster / Aus Tod und Leben. Nicht der geballte Moment, / Herausgerissen, ohne Zuvor und Nachher, / Sondern ein ganzes Leben, das brennt in jedem Moment. / Und nicht die Lebenszeit eines Menschen allein, / Sondern alter Steine, die keiner entziffern kann.

Auszug aus T. S. Eliots »East Coker« in einer frühen Übersetzung Erich Frieds, zitiert nach: »Weltstimmen« (Stuttgart), Nr. 3 / Dezember 1948

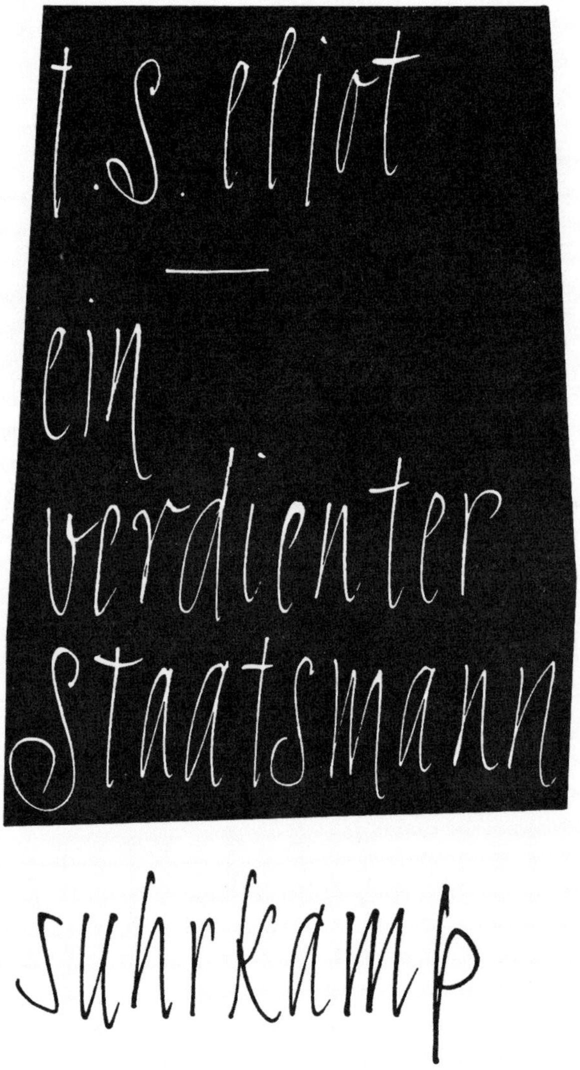

Von [den] Jüngeren ist versucht worden, T. S. Eliot der Vergangenheit zuzurechnen. Aber das ist nicht so leicht. Von seinen reifsten Gedichten, den »Vier Quartetten«, sind drei erst im Krieg entstanden. Ihr Einfluß auf die moderne Lyrik ist noch längst nicht erschöpft, und ihr Thema ist so sehr die Suche nach Wurzeln, nach dem Lebensrhythmus und dem gültigen Lebensgefühl einer entwurzelten Zeit, daß man sich eine aktuellere Dichtung schwer vorstellen kann. Das gilt auch von seinen Kunstmitteln, von denen die bisher vorliegenden Übersetzungen kein richtiges Bild gewähren.
[1955]

DEUTSCHES KULTURINSTITUT

51, Princes Gate, S.W.7.

Erich Fried

der Übersetzer von Dylan Thomas

liest aus eigenen Werken
in deutscher Sprache
NACHKRIEGSPROSA UND NEUE GEDICHTE

Am 2. 12. 1958 um 20 Uhr
in der Bibliothek des Deutschen Kulturinstituts
51, Princes Gate (Exhibition Road), S.W.7.

SHIFFERS LTD., W.1.

Ganz oben Frieds literarischer Vertrauter und Literaturagent Joseph Kalmer, in dessen Todesjahr 1959
Oben Programmankündigung des Deutschen Kulturinstituts 1958
Oben rechts Programmbesprechung beim »German Service« der BBC am 10. Dezember 1956 (v. l. n. r.): Seton Anderson, Erich Fried, Christopher Rhodes, Austin Harrison, Hubertus von Tobien, Raymond Ebsworth
Rechts Das Bush House der BBC (1949) in London, in dem Erich Fried arbeitete

Oben Erste Teilnahme an der »Gruppe 47«, 1963 in Saulgau; diskutierend, mit Wolfgang Hildesheimer (links außen), Christopher Holmes und Marcel Reich-Ranicki (rechts außen)
Unten Gruppentagung 1964 in Sigtuna / Schweden, rechts von Erich Fried: Walter Jens, links: Walter Kolbenhoff

Die Gruppe 47

Zur »Gruppe 47« stieß Erich Fried verhältnismäßig spät. Das erste Mal war er in Saulgau dabei, 1963, auf der 25. Tagung der legendären Schriftstellervereinigung unter dem Vorsitz von Hans Werner Richter. Für eine Einladung vorgeschlagen hatten ihn Walter Jens und Ernst Schnabel.

Einen Preis (wie ihn 1962 Johannes Bobrowski und dann erst wieder 1965 Peter Bichsel erhielten) vergab die Gruppe auf ihrer Saulgauer Tagung nicht. Dennoch war Erich Fried, der seine Debütlesung mit einer Auswahl von *Warngedichten* (veröffentlicht 1964) bestritt, ein »glücklicher« Newcomer. Seinen Versen wurde großer Respekt gezollt, auch wenn der Berliner »Tagesspiegel« bedauerte, daß die Spontankritik die spezifische Qualität der Friedschen Gedichte nur unzureichend erfaßt habe, jener »lyrischen Erzählungen, in denen das Definitorische, die Sentenz, der Wortspielwitz dominieren, aber sogleich wieder in Frage gestellt werden« (1. November 1963). Die »Welt« zählte Frieds Auftritt zu den »wenigen Darstellungen, die die Reise wirklich lohnten« (31. Oktober 1963), was Dieter E. Zimmer in der »Zeit« untermauerte, indem er nur zwei »Debütanten« die Note »gut« zuwies, darunter Erich Fried (8. November 1963).

Bemerkenswert ist das von Fried unmittelbar nach dem Saulgauer Treffen mehrfach abgelegte Bekenntnis, in der Gruppe eine Art Heimat wiedergefunden zu haben. Von nun an ließ er keine Tagung mehr aus, folgte der Gruppe 1964 nach Sigtuna / Schweden, 1965 an den Berliner Wannsee, 1966 in die USA und 1967 zu ihrer letzten Zusammenkunft im Landgasthof »Pulvermühle« (bei Waischenfeld / Oberfranken). Doch parallel zu den Debatten und den damit verbundenen Spannungen in dieser Zeit wandelte sich auch Frieds Verhältnis zur Gruppe, innerhalb derer er sich verstärkt für die engagierte Literatur und eine Öffnung zur »Neuen Linken« einsetzte. So verteidigte er den von innen wie außen angefeindeten Peter Weiss, während der (SPD-nahe) Günter Grass spätestens seit 1965 zu einer Art politischem Dauerkontrahenten wurde.

Zu den Begegnungen in Schweden und Amerika notierte Fried 1982: »In Drottningholm hatte die ganze ›Gruppe 47‹ mit seltener Einhelligkeit das alte Schloßtheater aus dem 18. Jahrhundert, in dem genau nach den alten Rollenbüchern, mit den alten Kulissen und in den alten Kostümen gespielt wird, bewundert. Peter Weiss, Günter Grass und ich waren darüber einer Meinung. Bei der Konferenz in Princeton war das nicht so. Günter Grass griff dort – mitten im Vietnam-Krieg – Peter Weiss an und nannte ihn einen Hofnarren Walter Ulbrichts, weil Peter gegen den Vietnam-Krieg und gegen den Kalten Krieg geschrieben hatte. [...] Für mich war das der Anfang eines Konflikts mit Günter Grass, der lange dauerte«.

In der »Pulvermühle« war Erich Fried Mitanreger und -unterzeichner des bekannten Aufrufs der Gruppe gegen die Mitarbeit von Autoren in den Zeitungen des Springer Verlages. Noch einmal gegen Grass wandte er sich, als dieser Reinhard Lettau angriff, der einer vor dem Tagungslokal demonstrierenden Gruppe von SDS-Studenten Gehör in der Schriftstellerversammlung verschaffen wollte. Bei allen Differenzen hat Fried später die großen Vorteile der Gruppe – Werkstattgespräch, Erfahrungs- und Manuskriptaustausch – immer hervorgehoben.

Oben 1965 in Berlin, zusammen mit (v. l. n. r.): Peter Härtling, Günter Herburger und Marcel Reich-Ranicki
Mitte In Berlin, 1965, links hinter Fried: Peter Weiss
Unten In Princeton im Gespräch mit Hans Mayer, 1966

Ich möchte über die Gruppe 47 sprechen – das heißt, ich kann eigentlich im Augenblick auch kaum von etwas anderem sprechen, denn ich bin noch ganz voll von den Eindrücken dieser Tagung, die ich zum ersten Mal miterlebt habe. Die Gruppe 47 besteht im wesentlichen aus deutschen Schriftstellern und Dichtern. Es sind auch einige Kritiker mit dabei, und es kamen auch Gäste aus England dieses Jahr; aus Polen, aus der Sowjetunion, aus Schweden und Finnland. Aber im wesentlichen sind es deutsche Dichter und Schriftsteller, die sich da einmal im Jahr treffen – vier Tage lang. Es gibt keine Organisation der Gruppe 47, keine Mitgliedskarten und keine Mitgliedsbeiträge, keine Statuten und keine Disziplinarvorschriften. Man wird eingeladen, meistens weil man von Mitgliedern der Gruppe vorgeschlagen wurde. Man setzt sich, wenn die Reihe an einen kommt, vorne hin und liest vor, zehn bis fünfzehn Minuten lang, und das Vorgelesene wird dann von der Gruppe beurteilt und analysiert, vor allem von den berühmt gewordenen Starkritikern, die meist in der ersten Reihe sitzen. Bei dieser Kritik geht es oft recht hart her, und der Autor selbst darf nichts dazu sagen. Man nennt deshalb den Stuhl, auf dem er beim Vorlesen sitzt, den »elektrischen« Stuhl.

Am ersten Sitzungstag hatte ich mehr Lampenfieber als je zuvor in meinem Leben. Erst als meine eigene Lesung vorüber war – ich muß sagen, *glücklich* vorüber war, denn es ging alles viel besser, als ich gehofft hätte – fand ich wirklich Ruhe, alles bewußt zu beobachten. Ich glaube, das Schönste an dieser Gruppe ist, daß hier wirklich literarische Arbeit geleistet wird. [...] Ansonsten keine Verschwörungen, keine Skandale. Die Gruppe spielt vielleicht für deutsche Dichter, Schriftsteller und Kritiker eine ähnliche Rolle, wie das »Actor's Studio« in Amerika für die berühmten und für die jungen Schauspieler, als Gelegenheit zu Arbeit, Kritik, alles um der Sache selbst willen [...]. In seinem Schlußwort sagte Hans Werner Richter von mir, es freue ihn, daß ich mich »wie« zu Hause gefühlt habe. Ich möchte da ein einziges Wort richtigstellen: Ich hatte nicht gesagt »wie« zu Hause, sondern schlicht und einfach »zu Hause«. Ich habe mich zum ersten Mal seit vielen Jahren zu Hause gefühlt, an einem Ort, an den ich hingehöre. [1963]

Oben In Princeton 1966, zusammen mit (von links): Hans Mayer, Walter Höllerer und Hans Werner Richter
Unten Princeton, 1966

Aus dem noch etwas winterlichen Wetter von New Jersey und New York in den verfrühten Sommer von London zurückgekehrt, versuche ich die Eindrücke meiner ersten Amerikareise und die kritischen Erinnerungen an die Arbeitstagung der Gruppe 47 zu ordnen, nicht zu vergessen die Princeton-Konferenz, die sich an die Tagung der Gruppe anschloß. [...]

Drei Tage lang werden Texte vorgelesen, Prosa, Gedichte, Szenen aus neuen Dramen, und werden von der Gruppe kritisiert. Daß diese Kritik sich im allgemeinen weniger mit dem Inhalt als mit Formfragen befaßt, werden gelegentlich einige Mitglieder der Gruppe bedauern und kritisieren, zum Beispiel auch ich. Es wäre aber keineswegs richtig, zu behaupten, daß alle Texte, die vorgelesen wurden, unpolitisch sind. Die diesmalige Tagung begann mit Szenen aus einem neuen Rosa Luxemburg-Drama, an dem Professor Walter Jens arbeitet und das von Günter Grass scharf – viel zu scharf [...] kritisiert wurde. Dann, nach einer sehr interessanten Diskussion, las ich, Gedichte diesmal, und auch unter diesen Gedichten gab es etliche unmittelbar politische und etliche indirekt politische. In einem, dem längsten dieser Gedichte griff ich Marschall Ky von Südvietnam an, der Hitler zu seinem Vorbild erklärt hat und der ungeachtet dieser Erklärung von deutschen Zeitungen als Kämpfer für Freiheit und Demokratie gefeiert wurde. Auch die Tatsache, daß die Bundespost zwanzig Jahre nach Hitlers Tod nur eine Erinnerungsmarke an die Vertreibung von Deutschen aus ihrer Heimat herausbrachte, nicht an die Befreiung der Konzentrationslager-Häftlinge oder an die Befreiung von der Hitlerherrschaft, war in diesem Gedicht sehr scharf vermerkt. Und gerade dieses Gedicht gehörte zu denen, die von der Kritik am günstigsten aufgenommen wurden. [1966]

Warngedichte (1964), mit denen sich Erich Fried 1963 bei der »Gruppe 47« einführte

Der berühmte Band *und Vietnam und* (1966). Vietnam-Gedichte las Erich Fried in Princeton

Mit Günter Eich vor der »Pulvermühle«, 1967. Links Ilse Aichinger, im Hintergrund Siegfried Lenz

November 1966

Die Starkritiker Hans Mayer und Walter Jens waren nicht - oder nicht mehr - gekommen, auch H. M. Enzensberger und Peter Weiss waren ferngeblieben. [...] Das sonst oft - besonders im Handwerklichen - feinfühlige Kritikvermögen eines Günter Grass versagte bei Arbeiten, deren politische oder gesellschaftskritische Aspekte eine bloß formale Kritik oder die gruppenübliche unpolitische »Werkgerechtigkeit« als unzulänglich entlarven: Grass wurde der Kurzprosa Günter Eichs ebensowenig gerecht wie den hochinteressanten Gedichten des jungen Guntram Vesper [...].

Tatsächlich war der Überdruß an einigen Schranken und Gewohnheiten der Gruppe neuerdings gewachsen. [...] Enzensberger hatte zuvor im »Times Literary Supplement« [...] einen einigermaßen vernichtenden Aufsatz über die literarisch-politische Lage in Deutschland, einschließlich der Gruppe 47, veröffentlicht. [...]

Nun aber hat, wie Martin Walser in einem Fernsehinterview erklärte, die Gruppe neue Lebenskraft dadurch gewonnen, daß in ihr Gruppierungen deutlicher werden, z. B. eine Linke; denn die Gruppe 47 war schon seit vielen Jahren nicht annähernd so links wie ihr Ruf. Aber nicht nur diese Linke gab den Anstoß zum großen Protest gegen den Springer-Konzern [...]. Ohne die Stärkung, die diese Resolution der Gruppe brachte, wäre sie vielleicht weniger gut über einige Krisen der Tagung hinweggekommen, etwa als SDS-Mitglieder von ihrem Demonstrationsrecht Gebrauch machten und die Gruppe 47 zu politischerem Denken anfeuern wollten[...]. Teilnehmer der Tagung diskutierten im Freien mit den Studenten. Stimmen, man solle sich um die Demonstranten nicht kümmern, fanden wenig Beachtung. [...] Die Gruppe 47 muß, glaube ich, die Lockungen der Respektabilität und des Nicht-Anecken-Wollens fliehen, mehr noch als in früheren, vielleicht besseren Zeiten. [1967]

Linke Seite, oben Die Gruppe mit Günter Grass (Mitte) vor der »Pulvermühle« 1967, ohne Erich Fried, der die Pause zu einer kleinen Wanderung nutzt
Linke Seite, unten Rückkehr mit reicher Pilzernte

Mai 1968

Die legendären Sechziger

Die Sechziger waren auch für Erich Fried ein turbulentes Jahrzehnt. 1960 erschien sein (einziger) Roman *Ein Soldat und ein Mädchen*. Der angesehene französische Verlag Gallimard ließ das Buch 1962 übersetzen, als bereits Frieds erste Gedichte der Sammlung *und Vietnam und* entstanden. Im gleichen Jahr kehrte der Autor, zumindest nach eigener Aussage, zum ersten Mal seit seiner Flucht 1938 in seine Heimatstadt Wien zurück. Gleich drei wichtige Ereignisse fielen in das darauffolgende Jahr: die Publikation des Zyklenbandes *Reich der Steine*, das Debüt bei der »Gruppe 47« (vgl. S. 78 ff.) und die Inszenierung von Frieds erster Shakespeare-Übersetzung durch Peter Zadek in Bremen. Buchpublikationen folgten, 1964 die *Warngedichte*, 1965 die Prosaauswahl *Kinder und Narren* und 1966 die Vietnamgedichte.

Etwa ein Jahr nach der Geburt der Tochter Katherine verließ Nan Fried 1962 ihren Ehemann. Dieser verliebte sich wiederholt auf seinen Reisen, ob in Wien, Berlin oder Bremen, bis er in London Catherine Boswell kennenlernte und 1965 heiratete. Im gleichen Jahr wurde Petra, Erich Frieds viertes Kind, geboren. Von 1960 bis 1969 lebte er in der Chambers Lane. Danach lautete die Anschrift 22 Dartmouth Road, ebenfalls im Nordwesten Londons (vgl. S. 94 ff.).

Zu Besuch in das Haus Chambers Lane kamen weiter die Freunde aus der Zeit des Exils und des unmittelbaren Nachexils, zum Beispiel Freimut Schwarz, Georg Rapp und Michael Hamburger. Zunehmend waren aber auch junge linke Schriftsteller aus Deutschland zu Gast, neben Hans Magnus Enzensberger, den Fried schon aus den fünfziger Jahren kannte, etwa Johannes Schenk. Fried sympathisierte mit der außerparlamentarischen Opposition in der Bundesrepublik und begann für die Zeitschrift »konkret« zu schreiben, in der auch Ulrike Meinhof veröffentlichte. Besonders schätzte er Rudi Dutschke, mit dem er auf der großen Berliner Demonstration gegen den Vietnamkrieg im Februar 1968 in der ersten Reihe ging. Erst einen Monat vorher hatte er bei der BBC seine langjährigen *Persönlichen Betrachtungen* über und für die DDR eingestellt, in denen er sich etwa für Robert Havemann und Wolf Biermann einsetzte, ohne dem Kalten Krieg das Wort reden zu wollen, dessen Ideologie im »German Service« des englischen Senders immer stärker in den Vordergrund trat.

Von nun an lebte Erich Fried hauptsächlich von der Schriftstellerei und von seinen Übersetzungen. Versuche, sich als Dramatiker zu etablieren, scheiterten. Aufmerksamkeit erregte in dieser Hinsicht allein der Librettist, dessen politisch provokative Bearbeitung des anonymen englischen Schauspiels »Arden of Faversham« (16. Jh.) in der Vertonung von Alexander Goehr 1967 in der Hamburgischen Staatsoper für einigen Aufruhr sorgte. Literarische Domäne blieb das Gedicht. Als der Claassen Verlag eine Neuauflage der *Gedichte* von 1958 beabsichtigte, erlaubte Fried die Wiederveröffentlichung nur, wenn er zu einzelnen Versen »Gegengedichte« schreiben dürfe. So entstand der denkwürdige Band *Befreiung von der Flucht* (1968), in dessen Einleitung er programmatisch von der »Hoffnungslosigkeit« abrückte, »die in vielen der alten Verse den Ton angab, so daß sogar Auflehnung und Protest oft fast bis zur Unkenntlichkeit verschlüsselt waren«, und ausführte: »Beim Wiederlesen wurde mir klar, wie sehr ich mich seither geändert habe, aber auch, daß ich nicht nur deshalb und nicht nur aus ästhetischen Gründen anders schreibe, sondern mehr noch weil die Zeit, die sich auch in Gedichten spiegelt, nicht mehr dieselbe ist«.

In dieser »Zeit« wurde Fried ›Hausautor‹ des jungen Verlegers Klaus Wagenbach, der sich mit ihm 1966 »einen der liebenswürdigsten Autoren ein(handelte), und zwar auf dem Hinterhof der Berliner Akademie der Künste peripatierend, wo mir Erich Fried schlurfend und mit schlenkernder Plastiktüte erklärte, daß er für seine Vietnamgedichte keinen Verleger finden könne. Mit Händen gestikulierend, die eher Händchen waren, aber mit einer Baßstimme, die ein Organ zu nennen eher eine Untertreibung ist. So also [...] erklärte er mir seine Lage und die der Welt. Seine Lage sah ich sofort ein, über die der Welt blieben wir in Kontakt.«

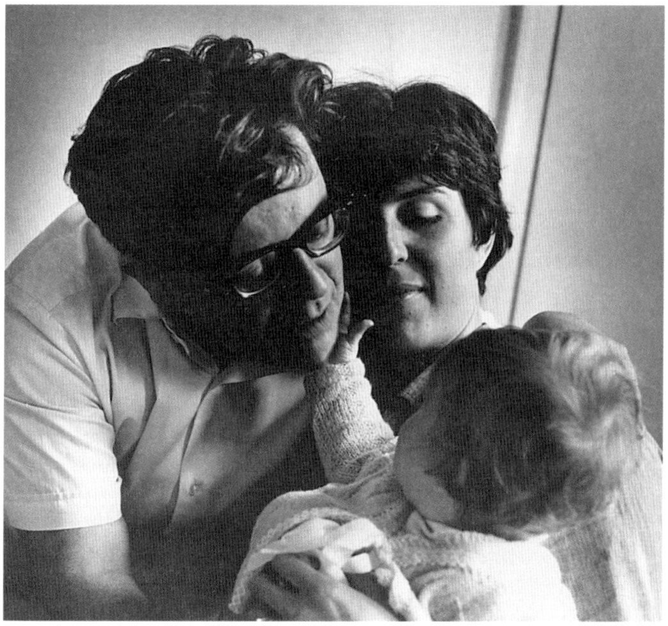

Oben links Ehefrau Nan mit Tochter Katherine, 1961
Oben rechts Mit den Söhnen Hans und David, Anfang der sechziger Jahre
Mitte links Mit Catherine Boswell, 1963
Mitte rechts Mit Catherine und Tochter Petra, 1966
Rechts Sommerfreuden mit Catherine, 1967

Mit Catherine, Februar 1969

Im Garten des Hauses Chambers Lane, 1965/66

Übersetzer und Regisseur in Bremen bei der Probenarbeit

Unser Foto wurde auf der Bühne des Theaters am Goetheplatz gemacht, wo eifrig für die für den 9. Mai vorgesehene Premiere des „Sommernachtstraums" geprobt wird. Übersetzer Erich Fried aus London (links) und der Regisseur Peter Zadek (rechts) besprechen Textänderungen, die sich aus der Theaterpraxis ergeben. Erich Frieds Über-

Im Gespräch mit Peter Zadek, der als erster eine Shakespeare-Übersetzung Frieds auf die Bühne brachte, den *Sommernachtstraum*, 1963

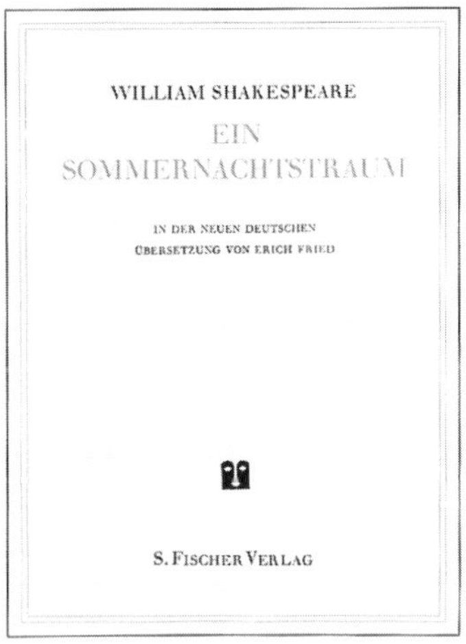

WILLIAM SHAKESPEARE

EIN SOMMERNACHTSTRAUM

IN DER NEUEN DEUTSCHEN ÜBERSETZUNG VON ERICH FRIED

S. FISCHER VERLAG

Der *Sommernachtstraum* in der Erstveröffentlichung von S. Fischer, 1964

Liaison dangereuse in den sechziger Jahren: Ines Best aus Bremen

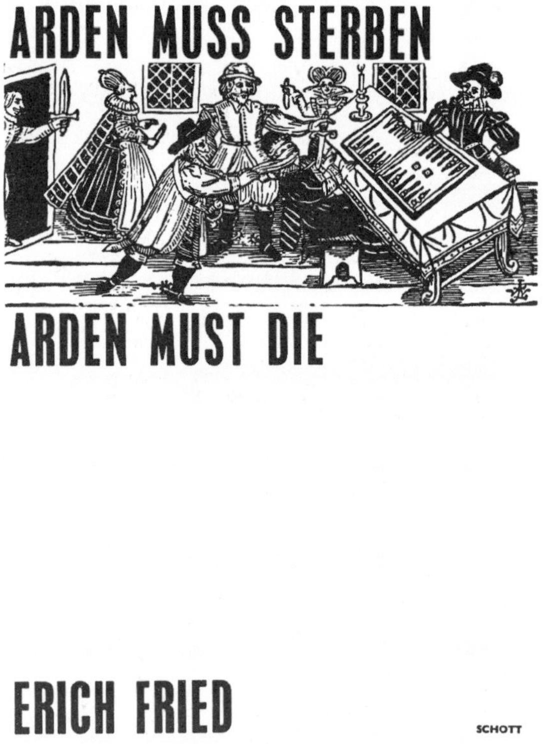

Es wäre aber ein Irrtum zu glauben, der Text diene nur als Anlaß zu gesellschaftskritischen Seitenhieben. Die Dramatik eines Textes darf durch ihre Botschaft nie erdrückt werden: Also kein »Schlüssel«-Libretto, keine gewaltsame moderne Nutzanwendung! Der Komponist und ich wußten, daß das Ganze und jede einzelne Szene uns wirklich Spaß machen mußten. Eine nur als Transportmittel für Musik oder Gedanken erträgliche Szene wäre eine mißlungene Szene. Ich hatte außerdem immer noch die Vorstellung, die Oper müsse so werden, daß man Shakespeare, dessen Spieler das alte Ardendrama inszeniert hatten, zur Aufführung einladen könnte, ohne daß er nachher die Nase rümpfen würde. Das hieß freilich nicht, daß wir uns Anspielungen in Text oder Musik, dort wo sie sich wirklich anboten, entgehen ließen. [...] So ist es kein Werk ohne Härten und Spitzen geworden. Wer sich beleidigt fühlt, der ist gemeint. [1967]

Oben Bei der Uraufführung des von Alexander Goehr (Mitte) vertonten Fried-Librettos *Arden muß sterben* in der Hamburgischen Staatsoper, März 1967, zusammen mit dem Intendanten Rolf Liebermann
Links *Arden muß sterben.* London (Schott) 1967

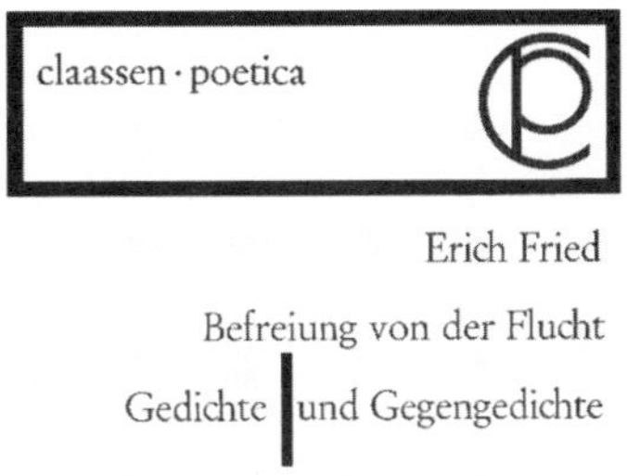

Befreiung von der Flucht (1968), im politischen Wandel der sechziger Jahre konfrontierte Fried ältere Gedichte mit »Gegengedichten«.

Rechts In einem Studio der BBC, um 1967

Unten *Intellektuelle und Sozialismus* (Berlin 1968). Der Band enthält Frieds großen politischen Essay *Anmerkungen zu Verhaltensmustern.*
Unten rechts An der Schreibmaschine, 1968

17. – 22. MAI 1966

Aus Da Nang
wurde fünf Tage hindurch
täglich berichtet:
Gelegentlich einzelne Schüsse

Am sechsten Tag wurde berichtet:
In den Kämpfen der letzten fünf Tage
in Da Nang
bisher etwa tausend Opfer

[1966]

Links US-Panzer im Vietnamkrieg
Unten Rede auf dem Vietnam-Kongreß, 17. Februar 1968: *Unsere Opposition in den großen Städten*

Rechte Seite, oben Freude nach dem Bekanntwerden, daß das behördliche Verbot der geplanten Demonstration aufgehoben wurde (v. l. n. r.: Peter Weiss, Erich Fried und Gaston Salvatore)
Mitte Die Demonstration gegen den Vietnamkrieg am 18. Februar 1968 vor der Deutschen Oper Berlin. Rechts das von Fried geschilderte Baugerüst
Unten Behelmt in der ersten Reihe am 18. Februar 1968. Links von Fried Günter Amendt, rechts Gaston Salvatore und Rudi Dutschke

Ich weiß noch, wie während der großen Vietnamdemonstration des SDS am 18. Februar 1968 in Berlin ein Trupp gegenüber der Oper, auf einem Baugerüst und auf einem sehr hohen Baukran, Mitglieder der Jungen Union, den wenigen Studenten dort obcn ihre Liebknecht- und Rosa-Luxemburg-Plakate und Fahnen wegriß und vor den Augen der empörten Demonstranten mit Füßen trat, zerriß und verbrannte. Die Demonstranten unten begannen ihnen zu drohen, aber Rudi [Dutschke] sah hinauf, zum Baugerüst und zum Kran, und sagte zu mir: »Hoffentlich fällt wenigstens keiner von ihnen runter!« Dies gerade, als viele der Demonstranten unten ihnen gewünscht haben müssen, daß sie sich das Genick brechen. Im nächsten Augenblick nahm Rudi das Mikrofon und rief: »Genossen, laßt sie! Sie verstehen es nicht besser!« Und er rief weiter, die da jetzt unsere Plakate und Fahnen runterholten, das seien dieselben Arbeiter, die sie eines Tages oben auf dem Springerhaus anbringen werden. Durch diese Worte war die gefährliche Haßatmosphäre wie weggeblasen. Aber diese Worte wären ihm nie eingefallen, wenn er nicht wirklich Angst um das Leben und die Gesundheit seiner politischen Gegner gehabt hätte. [1980]

Oben und unten Lyrik und Musik, »Dichter auf dem Markt« in Hamburg, Mai 1969
Rechts Auch in England mit Musik unterwegs, gemeinsam mit seinem Freund und Übersetzer Georg Rapp, London 1968

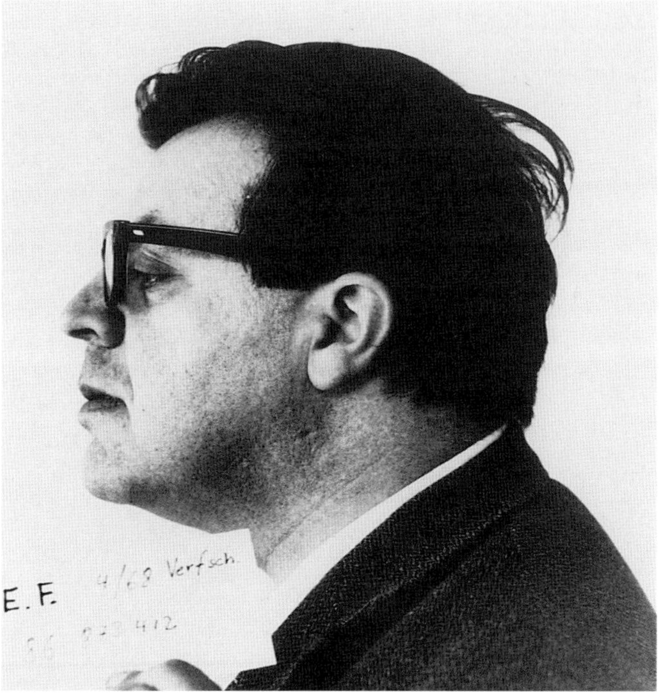

Oben links Sponti-Unterbrechung während einer Lesung des »Internationalen Literaturforums« in Frankfurt, November 1968 (Hinten Mitte: Peter Handke, rechts Horst Bingel)

Oben rechts In der Rolle eines inoffiziellen Mitarbeiters des Verfassungsschutzes, 1968

Unten 29 Chambers Lane, Frieds Domizil von 1960–1969

Erich und Catherine Fried vor ihrem Londoner Haus, 1987

22 Dartmouth Road

Im Geburtsjahr der Söhne Klaus und Tom, 1969, zogen Catherine und Erich Fried von der Chambers Lane in Willesdone Green (NW 10) in die nahegelegene Dartmouth Road in Brondesbury (NW 2), nur wenige Fußminuten von der Underground-Station Kilburn der Jubilee-Linie entfernt. Anlaß für den Auszug aus dem eigentlich geräumigen Haus in der Chambers Lane waren in erster Linie jedoch nicht die Zwillinge, sondern das Drängen Nellie Frieds: Nach dem Tod des emigrierten Wiener Architekten Fritz Landauer, bei dem sie längere Zeit als Haushälterin angestellt war, wollte sie bei ihrem Sohn leben; dazu war mehr Platz nötig.

In der Dartmouth Road lebte Fried bis zu seinem Tod, mit seiner Mutter (die 1982 starb), seiner Frau und den Kindern David, Petra, Klaus und Tom, die dann nach und nach auszogen. In den siebziger Jahren beherbergte das Haus für einige Monate ebenfalls Frieds frühere Frau Nan, die er als Todkranke, zusammen mit ihrer Mutter, aus Dänemark nach London geholt hatte.

Zur Nachbarschaft bestand ein freundlicher, jedoch kein intensiver Kontakt. Erich Fried ging selten aus und wenn, dann bevorzugt in das indische Restaurant »The Gitta« in der nahen Willesden Lane. Zwischen den vielen Reisen zum Kontinent verbrachte er seine Londoner Zeit am liebsten zu Hause, mit seiner Familie, mit Arbeit und Freunden. Ein besonderes Ereignis waren die Besuche Rudi Dutschkes und die nächtelangen Diskussionen mit ihm. Politischen Austausch vor Ort ermöglichten auch befreundete Vertreter der englischen Linken, besonders Stuart Hood, gelegentlich Eric Hobsbawm. Ein regelmäßiger Besucher, Hausfreund und Berater wurde schon früh Gerhard Wilke, gelernter Fleischer aus Deutschland, der 1968/69 zum Studieren nach England gekommen war.

Zu Hause ging Fried freilich auch seinen alten Passionen nach. So schon keine Zeit mehr für große Erfindungen blieb, gab er zwischendurch immer wieder seinem »Bastler«-Herzen nach und reparierte mit improvisatorischem Talent alles, was anderen als rettungslos verloren erschien. Fiel zum Sonntagsfrühstück der Toaster aus, brauchte die Familie nicht lange zu warten, bis »Daddy« dem defekten Gerät wieder goldbraune Weißbrotscheiben entlockte. Als es im Winter 1972 wegen eines Streiks der Kohlearbeiter zu einem längeren Stromausfall kam und Kerzen rar wurden, versorgte er das Haus mit perfekt funktionierenden Öllampen, hergestellt aus Marmeladengläsern und allem möglichen Kleinkram, aus dem sich nachstellbare Dochte fertigen ließen.

In der Dartmouth Road verweilten keineswegs nur prominente Gäste. So gut er konnte, hat Erich Fried, wie es Wieland Schmied bezeugt, »alle aufgenommen, die zu ihm kamen, ihnen Kost, Quartier und Zuspruch gegeben, allen, die irgendwie krank, verfolgt, ohne Unterkunft waren. Wie viele solcher Hilfsbedürftiger habe ich über die Jahre hinweg bei ihm getroffen« (in: »Text + Kritik«, 91/1986).

Kommunikationszentrum des Hauses war die gemütliche, zum Garten hin liegende Küche. Frieds eigentliches Imperium aber war sein Arbeitsraum, Chaos in Perfektion. Eine wunderschöne literarische Ortsbegehung von »Erichs Zimmer«, »diesem vielteiligen Gemisch aus Hell und Dunkel, Fenster und finsterer Ecke, aus Regalen, Schränken und Schreibtischen, aus angehäuften Büchern, Papieren, Fund- und Bastelstücken und Bildern«, stammt von Anne Duden, die über Frieds eigenwilliges Ablage-Durcheinander schreibt: »Vielleicht müßte mal wieder ein bißchen Ordnung gemacht werden. Neue Mappen müßten angelegt werden für die vielen Papiere, die kreuz und quer herumliegen. [...] Viel Platz ist allerdings nicht mehr. Überall im Zimmer verteilt gibt es sie schon, hat es sie immer schon gegeben und sind es immer noch mehr geworden. Diese Zeugen der in regelmäßigen Abständen auftretenden Aufräumschübe Erichs. In jedem Zwischenraum, jeder Lücke zwischen, über unter, vor und hinter anderem diese Mappen, Ordner, Pappdeckel und Papiertüten; gestapelt oder angelehnt. Von Erich [...] beschriftet mit »[...] DRINGEND – UNDRINGEND – ANSCHAUEN – NEUESTE GEDICHTE – NEUE GEDICHTE SICHTEN – MIXED – OLD – AKTUELL 76« (in »Wimpertier«, Köln 1995).

Die Straße, eine typische Vorstadtstraße in Nordwest-London, die Dartmouth Road, besteht aus lauter soliden Bürgerhäusern, um die Jahrhundertwende gebaut, jedes für eine Familie mit Dienstboten bestimmt. Im Krieg ist sie verschont geblieben, aber nur wenige Häuser werden noch von einer einzigen Familie bewohnt, nach Aussage des Briefträgers nur zwei außer unserem Haus. Die meisten sind in Wohnungen aufgeteilt oder werden zimmerweise vermietet, ja, in einigen kann man sogar sehen, daß sich unmittelbar an die großen Fenster der Vorderzimmer eine große Scheidewand anschließt, die das alte Vorderzimmer in zwei schmale, schlauchartige Räume teilt. Zu Wahlkampfzeiten beleben sich die Fenster mit Plakaten der verschiedenen Parteien, unsere mit denen der Labour Party, aber das beeinträchtigt die guten Beziehungen zu unseren Nachbarn, die die blau-weißen Plakate der Konservativen zur Schau stellen, nicht im mindesten. [...]

Es kommen Männer, die Pferdedünger verkaufen wollen, Frauen mit Postwurfsendungen, alte Iren mit Gartenschere, die die Hecke schneiden wollen (ich lasse sie grundsätzlich verwildern), Kinder, die sich durch Autowaschen Taschengeld verdienen (oft dankend angenommen), ernsthafte Bibelforscher, meistens zu zweit, die meine Seele retten wollen, und mit denen ich einmal so lange diskutiert habe, bis sie von ihren Vorgesetzten abgeholt wurden, die offenbar die Aufsicht über diese Straßenaktion führten. Manchmal kommt auch ein Nachbar, der sich ausgesperrt hat und unsere Leiter braucht, um in sein eigenes Haus einzusteigen, oder eine Nachbarin, deren Wagen nicht anfahren will, und die Freiwillige sammelt, um ihn anzuschieben. [...] Mit heiserem Kreischen kommt zuweilen der Altmetall- und Trödelsammler durch die Straße, ein willkommener Anblick, denn er hat noch Pferde vor seinem bemalten Karren. Außerdem bin ich immer neugierig, was er gesammelt hat, und kaufe gelegentlich etwas, was wegen meiner Tendenz, Kram ins Haus zu bringen, manchmal zu Ehekrisen führt. [1978]

Das Haus Nr. 22

Mein Arbeitszimmer liegt gleich neben meiner Haustüre, und der Briefträger kann mir im Sommer den ganzen dikken Stoß von Aufrufen, Zeitschriften, Briefen durchs offene Fenster hereinreichen und muß sich nicht mit dem Briefschlitz plagen. Durch den kleinen Vorgarten sehe ich die beiden sechs oder sieben Meter langen Wege, die von der Straße zur Haustüre führen. Wenn die Müllmänner viel zu tun hatten und die geleerten Mülltonnen nicht weit genug in den Gang zwischen uns und dem Nebenhaus getragen haben, sehe ich auch die Mülltonnen und im Sommer die Fliegen und Wespen, die sie besuchen. Wir gehören zur Partei der Vorhanggegner. Mein Arbeitszimmer blickt durch mehr oder minder blanke Fensterscheiben, je nach der Zeit, die seit dem letzten Besuch unseres alten Fensterputzers verstrichen ist, unverhüllt auf die Straße hinaus, und jeder kann hereinschauen. Das heißt, das stimmt nicht ganz: Vor Blicken aus einiger Entfernung schützt der schüttere Fliederstrauch [...].

Ja, und einmal, als ich [...] einen Brief zur Unterstützung der Palästinenser an den »Guardian« geschrieben hatte, wollte mir eine rechtsradikale zionistische Gruppe ans Leben, und der Polizist, der gekommen war, um mich vor Briefbomben und ähnlichen Überraschungen zu warnen, steckte sich hinter meine Frau, sie solle mich doch wenigstens dazu überreden, Vorhänge anzubringen, sonst könne man besonders abends leicht in das Zimmer schießen und treffen. Damals kamen die alten schwarzen Verdunkelungsvorhänge, die die Familie meiner Frau noch vom Krieg her aufbewahrt hatte, einige Monate lang wieder zu Ehren [...]. [1978]

Der Schriftsteller-»Erker«, 22 Dartmouth Road

Erich Fried in seinem Arbeitszimmer, 1983

Frankfurter Rundschau

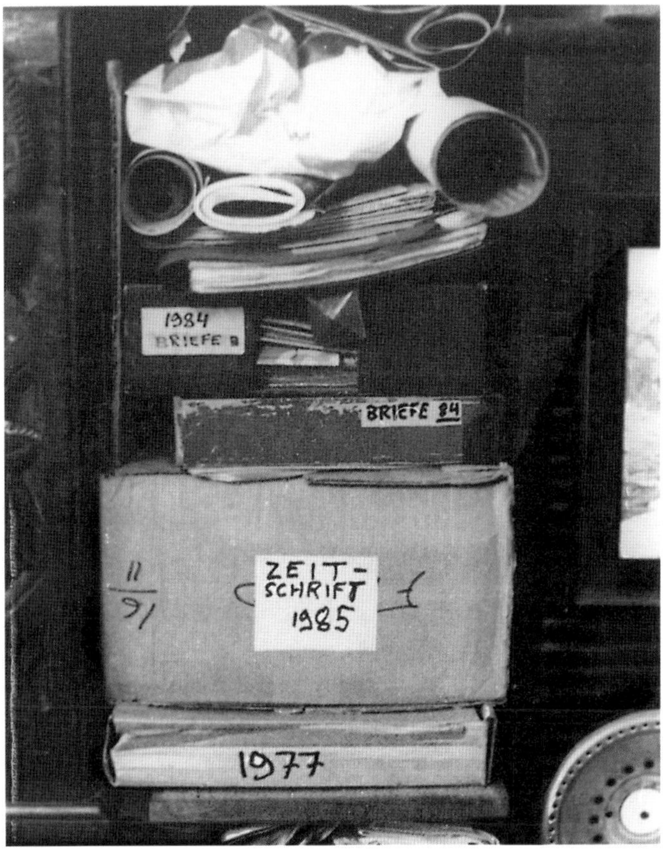

Linke Seite Im Arbeitszimmer in der Dartmouth Road, 1988

Verschiedene Formen der Ordnung

Bereits 1953 porträtierte ein BBC-Kollege Erich Fried:
»Erich ist, wie er es nennt, Elektrobastler. Ich glaube, nicht nur äußerlich. Auch seine ›Innere Landschaft‹ ist dauernd hochspannungsgeladen; manchmal hängen die Drähte etwas lose, manchmal gibt es einen Kurzschluß. Aber bisher, meint Erich stolz, hat er noch jeden Kurzschluß selbst behoben« (»Hier spricht London«, Nr. 298, 30. Oktober 1953, S. 2).

Unten Im Bett mit den Söhnen Klaus und Tom, Mitte der siebziger Jahre

Oben links Teepause, 1986
Oben rechts Mit Sohn Klaus in der Küche, 1986
Mitte links Mit Sohn Tom, 1977
Mitte rechts Tochter Katherine
Unten Mit der dreijährigen Tochter Petra

Schlafstellen :

Ein Zelt mit Matratze fuer zwei ist im Garten

Ein Mensch kann im Zimmer oben (dritte tuer rechts von der Treppe) schlafen. Erste Tuer ist Klosett, zweite Badezimmer, dritte Schlafzimmer. Matratze, Bett, Schlafsack oben, auch Bettzeug von den Kinderbetten. Man koennte aus deren Matr. und Bettzeug auch ein zweites Bett zurechtmachen

Oder ein Mensch kann im meinem Arbeitszimmer schlafen. Matratze im Gang zur Kueche.

Und eine Einzelmatratze liegt auch noch im Garten.

Der Schluessel ist unter den leeren Behaeltern fuer Milch

Bitte relative Ruhe, weil Nan im kleinen Zimmer rechts bei der Eingangstuer schlaeft.

Linke Seite
Oben links Stuart Hood, Programmleiter des BBC-Fernsehens, langjähriger ›fellow traveller‹, Freund und Übersetzer Erich Frieds in England
Darunter Ein deutscher Freund Erich Frieds in der Nachbarschaft, Gerhard Wilke, in den siebziger Jahren
Oben rechts Im Lieblingsfauteuil, achtziger Jahre
Unten links Im Londoner Garten, Ende der siebziger Jahre
Unten rechts Auf der Gartenbank, 1988

Oben Im Gartenzelt, Ende der sechziger Jahre
Unten Typische Gebrauchsanweisung, wie sie Erich Fried seinen Besuchern hinterließ: »Schlafstellen«, siebziger Jahre

In den siebziger Jahren

Ein schweres Jahrzehnt mit deutschem Herbst

Aus den ›wilden Sechzigern‹ hervorgegangen, traten zu Beginn der siebziger Jahre Verfechter des »Konzepts Stadtguerilla« ihren grausamen Weg in den Untergrund an. Auf die generelle Radikalisierung der außerparlamentarischen Linken reagierte die SPD (in Koalition mit der FDP), seit Willy Brandts Wahlerfolg 1969 Hoffnungsträgerin für soziale Reformen und Entspannungspolitik mit dem Osten, unter anderem mit dem sogenannten »Radikalenerlaß«.

Unmißverständlich hatte bereits 1971 der zwischen allen Stühlen sitzende Marxist Erich Fried vor dem »bewaffneten Kampf« gewarnt. Gleichzeitig unterstützte er die links der SPD stehende Opposition in fast allen ihren Protesten, die sich im Laufe des Jahrzehnts etwa gegen das »Berufsverbot« für Linke im öffentlichen Dienst, gegen Atomkraftwerke oder den »NATO-Doppelbeschluß« richteten. Er wehrte sich gegen die einsetzende »Sympathisantenhetze« und solidarisierte sich mit Heinrich Böll und anderen angefeindeten Kollegen und Intellektuellen. Entsprechend trugen seine Gedichtbände Titel wie *Die Freiheit den Mund aufzumachen* (1972) und *So kam ich unter die Deutschen* (1977). In *Höre, Israel!* (1974) faßte der Dichter seine Kritik an der Härte der (zionistischen) Palästinenserpolitik in Israel zusammen.

Als Ende 1971 in Berlin der Student Georg von Rauch (»Bewegung 2. Juni«) von einem Polizisten erschossen wurde, verwendete Erich Fried in einem Leserbrief an den »Spiegel« 1972 das Wort »Vorbeugemord«. Diese ›Beleidigung‹ der Polizei wurde 1974 vor einem Hamburger Amtsgericht verhandelt. Für den Angeklagten plädierte als Sachverständiger Heinrich Böll; das Verfahren endete mit Freispruch.

Es kam der »deutsche Herbst«: In Reaktion auf den Tod von Ulrike Meinhof (1976) und die Urteile im »Stammheim-Prozeß« (April 1977) ermordete die RAF den Generalbundesanwalt Siegfried Buback (April 1977) und den Bankier Jürgen Ponto (Juli 1977). Mit der Verschleppung Hanns Martin Schleyers in ein »Volksgefängnis« sollten ›politische Gefangene‹ freigepreßt werden. Die gesamte Aktion scheiterte (Befreiung der Geiseln in Mogadischu), der entführte Arbeitgeberpräsident wurde ermordet, Andreas Baader, Gudrun Ensslin und Jan-Carl Raspe wurden tot in ihren Zellen aufgefunden (September/Oktober 1977).

In dieser extrem angespannten Situation kritisierte Fried weiterhin den »bewaffneten Kampf«, bekundete sein Mitgefühl für die Angehörigen der Terroropfer, allerdings nicht im Rahmen staatlicher Trauerordnung, sondern in Gedichten, die gleichzeitig an der offiziellen These vom Selbstmord Ulrike Meinhofs, an der Zulässigkeit der Isolationshaft für die RAF-Inhaftierten und an der Doppelmoral der bundesdeutschen Jurisdiktion und Exekutive zweifelten, so in *Auf den Tod des Generalbundesanwalts Siegfried Buback* oder *Die Anfrage*. Die differenzierte Argumentation dieser Verse, die zudem die tabuverletzende Frage nach den gesellschaftspolitischen Ursachen des Terrors stellte, war zu diesem Zeitpunkt jedoch kaum erwünscht. Die liberale Hamburger »Zeit« sah in Fried nun einen »dichtenden Verschwörungsneurotiker« (13. Mai 1977), die »FAZ« bezichtigte ihn der »Mörderpoesie« (2. August 1977). Nach der Behandlung von *Die Anfrage* in einer Bremer Schule wollte der örtliche CDU-Vorsitzende solche Texte »lieber verbrannt sehen«. Die parteinahe Presse titelte: »Kinder nach Wochen noch unter Schockeinwirkung« (11. November 1977). In Bayern wurden Fried-Texte kurzerhand aus den Schullesebüchern entfernt (1978).

Innerhalb der hoffnunglos zerstrittenen Linken (DKP, maoistische K-Gruppen, anarcho-libertäre oder marxistisch-leninistische Studentengruppierungen) war Fried für viele eine Art moralische Integrationsfigur. Unermüdlich diskutierte er die ›linke Entfremdung‹ ebenso wie die ›kapitalistische‹ mit den unterschiedlichsten ›Genossen‹, wo immer er auf sie traf oder von ihnen eingeladen wurde.

Es war nicht die Programmatik der »Neuen Innerlichkeit«, die 1979 zur Veröffentlichung der *Liebesgedichte* führte, sondern eine persönliche Erfahrung.

Erich Fried: *Höre, Israel!* Gedichte und Fußnoten mit Dokumenten und Fotos. Hamburg 1974

Oben links Internationales Israel-Hearing, 1972
Links Heinz Brandt und Erich Fried: Solidarität mit dem antifaschistischen Widerstand in Spanien, Veranstaltung in Offenbach, Oktober 1975
Unten Beleidigungsprozeß, Januar 1974: Im Amtsgerichtssaal in Hamburg, rechts von Erich Fried die mitangeklagte Redakteurin des »Spiegel«, Heike von der Osten

Rechte Seite
Oben Prozeßpause, Beratung mit Heinrich Böll, 1974
Mitte Ausschnitt aus dem »Vorwärts« (Bonn), 31. Januar 1974
Unten Doppelt gewappnet. Mit Böll als »Sachverständigem« und Entlastungsmaterial in der klassischen Plastiktüte, aus der Fried während seiner *Erklärung zur Sache* (vgl. nebenstehenden Textauszug) ein Plakat zog, das Rosa Luxemburg und Karl Liebknecht mit den Worten zeigte: »Vorbeugehaft ist gut – Vorbeugemord ist besser«.

Es war auch, davon bin ich überzeugt, mein gutes Recht, den Erklärungen der Berliner Polizei zum Tod Georg von Rauchs mit äußerstem Mißtrauen zu begegnen. Schon weil diese Erklärungen sich bekanntlich mehrfach widersprachen. Zuerst hat die Polizei erklärt, Georg von Rauch sei wahrscheinlich bei einem Schußwechsel der Polizei mit Politgangstern aus Versehen von *eigenen Tatgenossen* erschossen worden. Die Polizei erklärte auch, er habe zum »harten Kern der Baader-Meinhof-Gruppe« gehört, sonst würde er heute noch leben. Beide Behauptungen mußten nach wenigen Tagen zurückgenommen werden. Die ursprünglich nur von Linken wie »Rote Hilfe«, »Extradienst« und »Republikanischer Club« und vom Ermittlungsausschuß und Rechtsanwaltkollektiv in Berlin verbreitete Behauptung, der Polizeibeamte Hans-Joachim Schulz habe Georg von Rauch erschossen, erwies sich als *richtig*.

Ich muß darauf bestehen, freigesprochen zu werden. Jedes andere Urteil wäre Unrecht, weil ich niemanden beleidigen wollte und niemanden beleidigt habe. Andererseits könnte mich auch kein Urteil davon abhalten, als Schriftsteller und kritischer Mensch die Dinge, wo es nötig ist, beim Namen zu nennen, auch wenn dabei [...] wieder die Silbe »Mord« vorkommt. [1974]

Erich Fried vor Gericht

Er darf doch sagen, was er für Mord hält

„Schwere Zweifel an deutscher Polizei und Justiz"

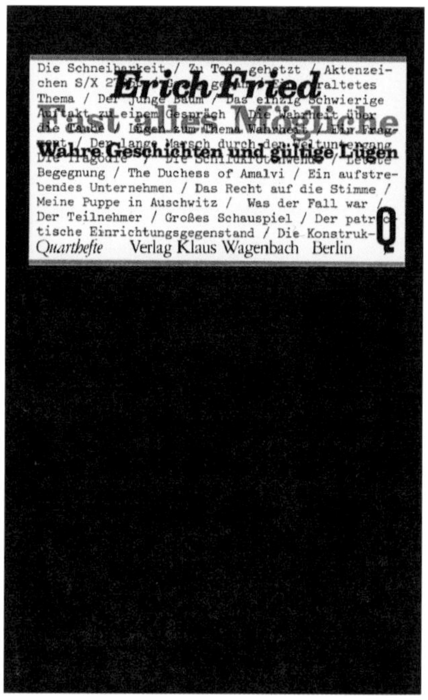

Oben »Quarthefte« der siebziger Jahre: *Die Freiheit den Mund aufzumachen* (1972), *Gegengift* (1974), *Fast alles Mögliche* (1975) und *Die bunten Getüme* (1977)
Mitte Mit Rudi Dutschke beim »Politkulturfest« am 6. Juni 1976 im Rahmen des Frankfurter »Antirepressionskongresses«
Unten Auf einer Veranstaltung zum Thema »Demokratische Grundrechte in Gefahr« am 25. Januar 1978

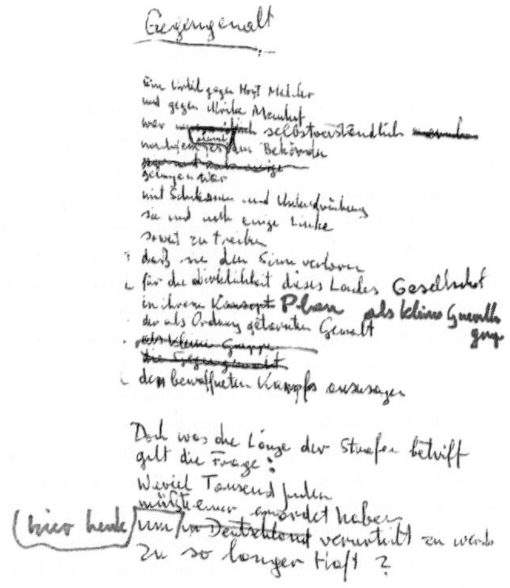

Gegengewalt

selbstverständlich

Behörden

mit Schikanen und Unterdrückung

sie und noch einige Linke

soweit zu treiben

daß sie den Sinn verloren

für die Wirklichkeit dieses Landes Gesellschaft

der als Ordnung getarnten Gewalt

dem bewaffneten Kampfes auszusagen

Doch was die Länge der Strafen betrifft

gilt die Frage:

Wieviel Tausend Juden

müßte einer ermordet haben

(hier heute) um in Deutschland verurteilt zu werden

zu so langer Haft?

Oben *Gegengewalt,* frühe Fassung (Ende 1974, Nachlaß) des Gedichts *Die Anfrage,* das der Bremer CDU-Politiker Bernd Neumann »lieber verbrannt sehen« wollte.
Oben links Ulrike Meinhof
Mitte links Ausschnitt aus dem CDU-nahen »Weser Report« (Bremen), Nr. 42, 11. November 1977
Unten links *Die Anfrage,* Arbeitstyposkript mit eigenhändigen Korrekturen (vermutlich Ende 1976 / Anfang 1977, Nachlaß)
Unten rechts Begräbnis von Ulrike Meinhof in Berlin 1976, bei dem ein Telegramm von Erich Fried verlesen wurde, in dem er, obwohl kein Anhänger der RAF, Ulrike Meinhof als »größte deutsche Frau seit Rosa Luxemburg« bezeichnete

Weser Report

UNABHÄNGIGE WOCHENZEITUNG

Jahrgang 7 / Nr. 42 11. November 1977 DM -,50 T 5934 C

Fried-Gedicht bleibt Streitobjekt

Kinder nach Wochen noch unter Schockeinwirkung

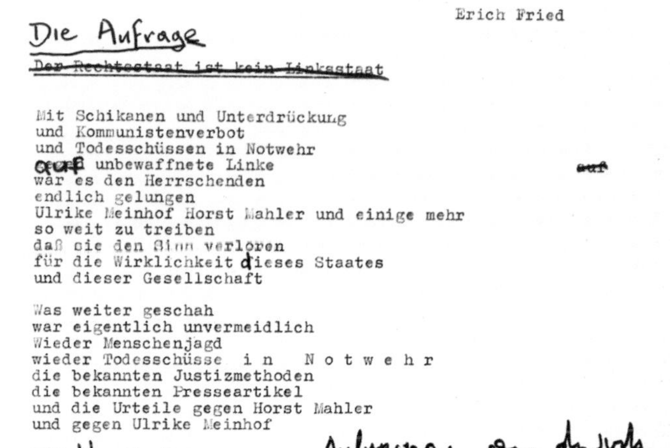

Erich Fried

Die Anfrage

~~Der Rechtsstaat ist kein Linksstaat~~

Mit Schikanen und Unterdrückung
und Kommunistenverbot
und Todesschüssen in Notwehr
oder unbewaffnete Linke
wär es den Herrschenden
endlich gelungen
Ulrike Meinhof Horst Mahler und einige mehr
so weit zu treiben
daß sie den Sinn verloren
für die Wirklichkeit dieses Staates
und dieser Gesellschaft

Was weiter geschah
war eigentlich unvermeidlich
Wieder Menschenjagd
wieder Todesschüsse i n N o t w e h r
die bekannten Justizmethoden
die bekannten Presseartikel
und die Urteile gegen Horst Mahler
und gegen Ulrike Meinhof

~~Doch~~ Was die Länge
der Strafen betrifft
~~gilt die Frage:~~ eine
"Wieviel Tausend Juden
müßte einer ermordet haben
um [redacted] heute verurteilt zu werden
zu so langer Haft ?"

Oben links Mit Gisela Dischner in den siebziger Jahren
Oben rechts Mit den Schriftstellern (v.l.n.r.) Hilde Domin, Dieter Wellershoff und Jürgen Becker, erste Hälfte der siebziger Jahre

Mit Anke Roeder und Steve Gooch im Kleinen Haus der Städtischen Bühnen Dortmund, wo 1979 die deutsche Erstaufführung von Goochs *Die Piratinnen* in der Übersetzung von Erich Fried stattfand

Mit Lydia Trüb (links) und der Kölner Bekannten Dorothea Driever

Unten Druck (Ausschnitt) des Zyklus' *Vexierbild* in »Akzente«, Heft 1/2, Februar 1979. Der Separatdruck erschien noch vor den *Liebesgedichten* und verriet mit der Widmung für Lydia Trüb Frieds Muse, die im Gedichtband nicht explizit erwähnt wird.
Unten links Erstausgabe der berühmten *Liebesgedichte,* 1979
Rechts Beginn des Zyklus' *Vexierbild;* hier eine frühe Fassung mit eigenhändigen Korrekturen (Nachlaß)
Unten rechts *Daß es dich geben kann,* Gedichttyposkript mit eigenhändigen Korrekturen, höchstwahrscheinlich unveröffentlicht. Der auf den 17. Dezember 1979 datierte Text stammt aus einem Konvolut, das Erich Fried mit der Aufschrift «LY‹DIA-›G‹EDICHTE› NEU, MEIST DUPLIKATE 80« versehen hat (Nachlaß).

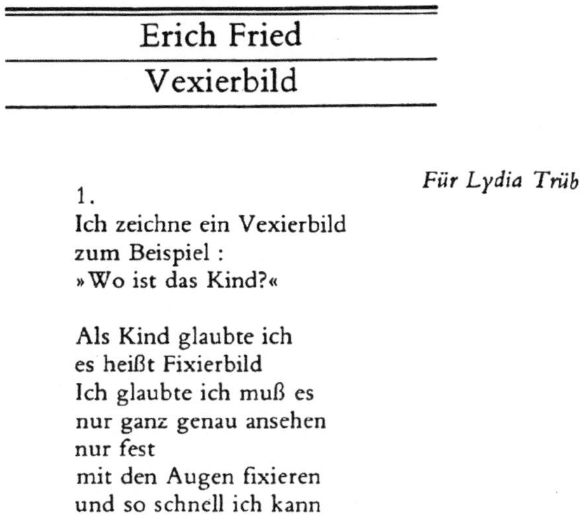
Erich Fried
Vexierbild

Für Lydia Trüb

1.
Ich zeichne ein Vexierbild
zum Beispiel :
»Wo ist das Kind?«

Als Kind glaubte ich
es heißt Fixierbild
Ich glaubte ich muß es
nur ganz genau ansehen
nur fest
mit den Augen fixieren
und so schnell ich kann

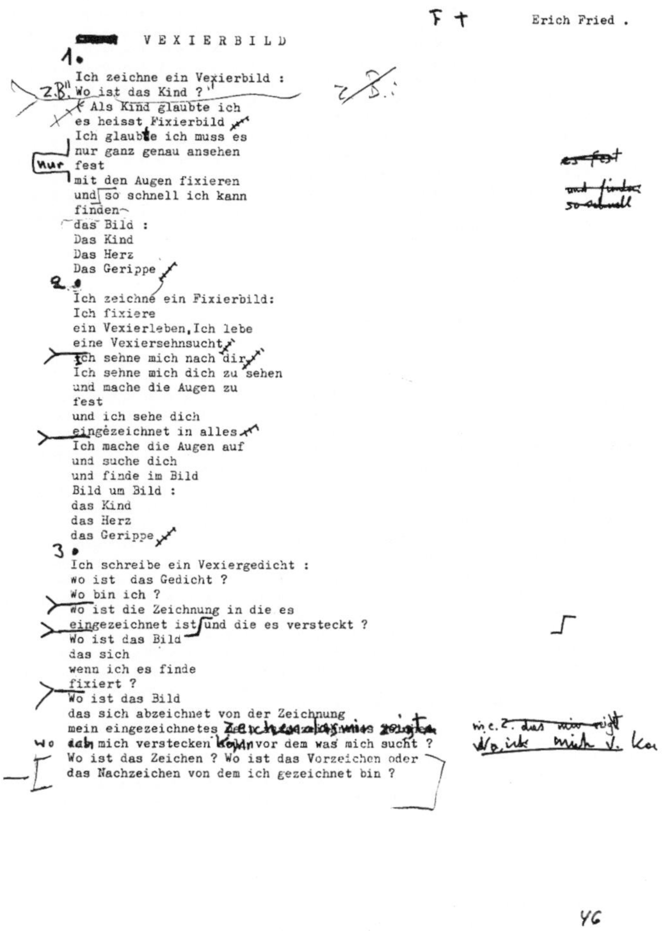
Erich Fried .

[redacted] V E X I E R B I L D

1.
Ich zeichne ein Vexierbild :
Wo ist das Kind ?
Als Kind glaubte ich
es heisst Fixierbild
Ich glaubte ich muss es
nur ganz genau ansehen
fest
mit den Augen fixieren
und so schnell ich kann
finden
das Bild :
Das Kind
Das Herz
Das Gerippe

2.
Ich zeichne ein Fixierbild:
Ich fixiere
ein Vexierleben, Ich lebe
eine Vexiersehnsucht
Ich sehne mich nach dir
Ich sehne mich dich zu sehen
und mache die Augen zu
fest
und ich sehe dich
eingezeichnet in alles
Ich mache die Augen auf
und suche dich
und finde im Bild
Bild um Bild :
das Kind
das Herz
das Gerippe

3.
Ich schreibe ein Vexiergedicht :
wo ist das Gedicht ?
Wo bin ich ?
Wo ist die Zeichnung in die es
eingezeichnet ist und die es versteckt ?
Wo ist das Bild
das sich
wenn ich es finde
fixiert ?
Wo ist das Bild
das sich abzeichnet von der Zeichnung
mein eingezeichnetes
mich verstecken vor dem was mich sucht ?
Wo ist das Zeichen ? Wo ist das Vorzeichen oder
das Nachzeichen von dem ich gezeichnet bin ?

46

GIBT
DASS ES DICH GEBEN KANN

Dass es dich geben kann
dass es dich gibt
dass du
du sein kannst
und zugleich ein
Teil von einem Gedicht
das ein Teil
von dir ist

Dass ich zugleich
bei dir sein kann
und sein kann
in einem Gedicht von uns
dass es uns geben kann
in einem Gedicht
~~aber auch~~
ohne Gedichte

Dass es dich gibt
dass es dich geben kann
aber auch
dass es dich nehmen könnte
Und wenn du dich nähmest
von mir
wie könnte es mich
dann geben ?
und wie noch ein Gedicht?

auch ?
das es geben kann
und daß es uns geben kann / für uns /

Und wenn du dich nimmst
von mir
Wie kann es mich
dann geben
und wie gibt es dann
ein Gedicht
und wie noch ein Gedicht?

17 Dez 79

Auf der Reise.
In Hamburg, Ende der siebziger Jahre

Der Reiserabbi und seine Freunde

Seine Entscheidung, nach dem Krieg in England zu bleiben, als deutscher Autor, trug mit dazu bei, daß Erich Fried auf lange Sicht die Existenz eines ›literarischen Handelsreisenden‹ führte. Nach der ersten Begegnung mit West-Berlin 1953 (vgl. S. 69) besuchte er mehrfach die Bundesrepublik Deutschland, u. a. Hamburg, wo sich in der zweiten Hälfte der fünfziger Jahre eine unglücklich endende Liebesbeziehung mit einer Germanistin entspann. Die Elbestadt war zudem Sitz des Claassen Verlages, wo ab 1958 Frieds erste Bücher in Westdeutschland erschienen. In dieser Zeit spielte er öfters mit dem Gedanken, doch nach Deutschland (in den Norden) zu übersiedeln. Es waren in erster Linie politische Erwägungen, die ihn von diesem Schritt abhielten. Dem Land kehrte er damit nicht den Rücken. Im Gegenteil.

An Deutschland banden den Schriftsteller nicht nur seine Verlage (insbesondere Claassen, Hanser und Wagenbach), Rundfunkanstalten wie der NWDR (später NDR), der mehrere Hörspiele Frieds ausstrahlte (u. a. *Izanagi und Izanami,* 1960), und Bühnen, die sich für einen neu übersetzten Shakespeare interessierten. Auch in der außerparlamentarischen Opposition und der »Neuen Linken« der sechziger Jahre fand er politische Verbündete und Freunde, wie er sich zunehmend in literarischen Kreisen ›heimisch‹ fühlte, vor allem in der »Gruppe 47«, mit der er nach Schweden und in die USA (sein einziger Übersee-Aufenthalt) reiste (vgl. S. 78 ff.). So häuften sich seine Deutschland-Aufenthalte, seltener blieben noch Reisen nach Österreich oder in die Schweiz. Ab den siebziger Jahren verbrachte Fried in der Bundesrepublik manchmal mehr als die Hälfte eines Jahres; eine deutliche Rückbesinnung auf die österreichische Heimat begann erst in den achtziger Jahren; ab 1986 wurden auch Lesereisen in die DDR gestattet.

Privat führte es Erich Fried mehrfach nach Dänemark, wohin Nan Fried nach der Trennung von ihrem Mann (1962) gezogen war, und wo zeitweise auch die Kinder David und Katherine lebten. Richtigen Erholungsurlaub, wie etwa 1980 mit Catherine in Südfrankreich, gönnte sich der Schriftsteller kaum. Weitere Länder lernte er zumeist durch Einladungen zu Lesungen und Kongressen oder anläßlich von Preisverleihungen kennen, so Schottland (»Edinburgher Konferenz zum modernen Drama«, 1963), Polen (1967), Jugoslawien (Belgrad 1980, Smederevo 1987), Holland (z. B. »Poetry International«, Rotterdam 1971 und 1986) und Italien (Rom / Castelporziano 1979).

Beflügelnd wie auch kräftezehrend waren die sich mitunter über Wochen erstreckenden Lese- und Diskussionsreisen in Deutschland. Fried las und diskutierte in Buchhandlungen, Volkshochschulen, alternativen Kulturwerkstätten, Universitäten, Kleinkunstbühnen und großen Schauspielhäusern – in den letzten zehn, zwölf Jahren seines Lebens vor immer größerem Publikum; vor allem jüngere Menschen drängten zu diesen Veranstaltungen.

Nur ungern übernachtete Fried während dieser Touren in Hotels. Viel lieber hielt er sich bei Freunden und Bekannten auf, bei und mit denen er nach einer Veranstaltung oft stundenlang weiterdiskutierte oder beim Frühstück neue, noch in der Nacht entstandene Gedichte besprach. So reiste er förmlich von Haus zu Haus, hier und da länger verweilend, wenn man sich bereit erklärte, den gehbehinderten und auf öffentliche Verkehrsmittel angewiesenen Schriftsteller ein paar Tage lang zu Lesungen in der Umgebung zu fahren. Solche Anlaufstellen, die es Fried gleichzeitig erlaubten, sich seines sperrigen Reisegepäcks zu entledigen und vornehmlich mit Aktentasche oder der heißgeliebten Plastiktüte unterwegs zu sein, verteilten sich über die ganze Bundesrepublik, von Bremen bis München. Die Gastgeber kamen aus allen Schichten und Berufssparten, darunter auch Ärzte, die den krebskranken Schriftsteller behandelten, oder Schriftsteller wie etwa die junge Anglistin Claudia Hahm aus Wuppertal, mit der er in den achtziger Jahren viele gemeinsame Lesungen bestritt und sein letztes Shakespeare-Stück, den *King Lear,* übersetzte.

Oben links Auf einem Flughafen in den achtziger Jahren
Oben rechts An Bord des literarischen »Narrenschiffs« nach Rotterdam, 1984
Mitte links Auf dem Petersplatz in Rom, 1979
Mitte rechts In Paris, achtziger Jahre
Unten links Mit dem Freund und Verleger Georg Rapp (links) und dem englischen Lyriker Edward Lucie-Smith (rechts), in London um 1969

Klaus Wagenbach begrüßt Erich Fried zur Lesung anläßlich des zwanzigjährigen Verlagsjubiläums, 1984.

Der Autor signiert *Es ist was es ist* in Essen, achtziger Jahre.

Vortrag mit Erwin Ringel in Wien, 23. April 1985:
Der Beitrag der Tiefenpsychologie und der Dichtung zum Frieden

Umschlag des Buches *Die da reden gegen Vernichtung* (Wien 1986). Der Band enthält auch den gemeinsam mit Ringel 1985 im Wiener Konzerthaus gehaltenen Vortrag.

Oben links Mit Arnfrid Astel, frühe siebziger Jahre
Mitte links Mit David Rokeah (Mitte) und Witold Wirpsza, 1966. Von Rokeah übersetzte Fried zahlreiche Gedichte.
Unten links Mit Elias Canetti (links) und H. G. Adler (Mitte)
Oben rechts Nach einer Lesung 1984 mit Stephan Hermlin, links: Klaus Wagenbach
Mitte rechts Mit Christa Wolf in der Berliner Akademie der Künste, 1987
Unten rechts Mit Michael Hamburger (rechts)

Oben links Mit Axel Eggebrecht, 1981
Darunter Mit Karin Kiwus, 1986
Oben rechts Mit Walter Höllerer, achtziger Jahre
Mitte rechts Mit Peter Rühmkorf, achtziger Jahre.
Rühmkorf hatte im April 1967 in einem großen »Spiegel«-Artikel für Frieds umstrittene Vietnamgedichte plädiert. Er schrieb u. a.: »Wo die Welt des Günter Grass ihre Grenzen hat und die Einsicht auch unserer anderen Kaiserwilhelmgedächtniskirchturmpolitiker endet, beginnt die Wahrnehmungszone der Gedichte von Erich Fried. [...] Hier, möchte man sagen, kann das von den Meinungstrusts zum Analphabeten zweiten Grades herabgewürdigte Landeskind zum zweiten Mal das Lesen lernen. Hier bekommt auch die Frage, was von Gedichten praktisch zu halten sei und was man mit ihnen anfangen könne, einen sehr plausiblen Sinn: weil sich jedes dieser Gedichte auf seine Art als Dechiffriergerät verwenden läßt, geeignet, herrschende Einwickelverfahren nachhaltig zu durchleuchten und mithin ein Stück verstellten Daseins zur Kenntlichkeit zu entwickeln«.
Rechts Herrenrunde mit (v. l. n. r.) Georg Eisler, Adolf Frohner, Ernst Jandl und Alfred Hrdlicka im Wiener Tabakmuseum, Februar 1988. Für Adolf Frohner hatte Erich Fried 1986 die Gedichte *Beschreibung zweier Bilder* und *Felix Nussbaum* geschrieben. Ernst Jandl kannte er seit 1952.

Anne Duden

Das Judasschaf

Lieber Erich –
ohne Deine Unterstützung,
Deine Hilfe, Deine Liebe,
Dein Wissen und Deine
Begeisterung hätte ich's,
glaube ich, nicht geschafft.
Dafür danke ich Dir.
Aber abgesehen davon
liebe ich Dich auch
Deine Anne

Rotbuch Verlag Berlin

Oktober 1985

Wer oder was hätten Sie sein mögen? *Natürlich Herrscher der Welt, um sie einzurichten.*
Ihr Hauptcharakterzug? *Gutmütige Dickköpfigkeit und dickköpfige Gutmütigkeit.*
Was schätzen Sie bei Ihren Freunden am meisten? *Humor und Solidarität.*
Ihr größter Fehler? *Eitelkeit.*
Ihr Traum vom Glück? *Unermeßlicher Reichtum – gegen Hungersnöte, und um dort, wo dringend nötig, Umsturz zu unterstützen.*
Was wäre für Sie das größte Unglück? *Krieg.*
Was möchten Sie sein? *Das, was ich bin – noch lange und etwas wirksamer.*
Ihre Lieblingsfarbe? *Keine Vorliebe – je nachdem, der ganze Regenbogen.*
Ihre Lieblingsblume? *Nelke – oder Tulpe?*
Ihr Lieblingsvogel? *Sperling.*
Ihr Lieblingsschriftsteller? *Anne Duden.*
Ihr Lieblingslyriker? *Hölderlin.*
Ihre Helden in der Wirklichkeit? *Gustav Landauer, Che Guevara, Allende, Thomas Münzer, Michael Gaismaier, Ulrich von Hutten, Jerg Ratgeb (Maler, gevierteilt).*
Ihre Heldinnen in der Geschichte? *Rosa Luxemburg, Susette Gontard, die sogenannten „Petroleusen" von Paris, 1871.*
Ihre Lieblingsnamen? *Bescheuerte Frage!*
Was verabscheuen Sie am meisten? *Menschen wie Truman, Reagan, Weinberger, Zia-ul-Haq, Sharon, Thatcher.*
Welche geschichtlichen Gestalten verachten Sie am meisten? *Thiers, Dollfuß, Marcos, Margaret Thatcher.*

Oben Dichterliebe: Erich Fried und Anne Duden auf einer Hochzeitsfeier von Freunden, London 1986
Mitte links Widmung Anne Dudens für Erich Fried in ihrem Buch »Das Judasschaf« (Berlin 1985) – erhalten in der Nachlaßbibliothek
Mitte rechts Ausschnitt aus dem Fragebogen des »FAZ«-Magazins vom 8. November 1985, in dem Erich Fried als Lieblingsschriftsteller Anne Duden nennt

Erich Fried über Anne Dudens Erzählband »Übergang«:

Der Trost, den Anne Dudens »Übergang« geben kann, ist kein billiger, sondern ein überaus teuer erkaufter. Es ist kein Buch, das die Autorin schreiben konnte, sondern etwas, was sie offenbar schreiben mußte und was dadurch auch zu einem Buch wurde, das sein muß. Die Ängste, sogar die der Ichperson in der ersten Geschichte, »Das Landhaus«, sind nur scheinbar höchst individuelle Ängste. In Wirklichkeit sind sie gar nicht weit hergeholt, sondern die Ängste, die uns ganz nahe sind, die uns holen wollen, denen wir zu oft auf eigene Gefahr ausweichen, bis es zu spät ist, statt uns ihnen zu stellen, statt etwas zu verändern, um uns Luft zu machen, um auch in Zukunft noch leben zu können. [1983]

Teamwork im Funkhaus Hannover: Mit Claudia Hahm (links) und Gisela Lindemann (Mitte), 1988. Die junge Anglistin und Dichterin Claudia Hahm aus Wuppertal war in den achtziger Jahren eine treue literarische Gefährtin Erich Frieds. Beide traten auf gemeinsamen Lesungen auf und übersetzten zuletzt gemeinsam Shakespeares *King Lear.* Die Literaturkritikerin Gisela Lindemann (1936-1989) betreute als Redakteurin des NDR Hannover zahlreiche Radiosendungen Frieds. Er bezeichnete sie 1981 als »eine der genauesten, sensitivsten unter den Interpreten deutscher Lyrik«.

Mit Claudia Hahm, kurz vor einer Lesung, 1988

Oben links Nach der Verleihung der Ehrendoktorwürde in Osnabrück, Januar 1988, mit Kurt und Sabine Groenewold. Der Hamburger Anwalt Groenewold (vgl. S. 10 u. 123) wurde von Erich Fried als juristischer Nachlaßverwalter eingesetzt.
Oben rechts Mit der Tübinger Freundin Susanne Krumpholz, achtziger Jahre
Mitte rechts Mit Dorothea Ridder aus Berlin, langjährige Bekannte und Ärztin von Erich Fried
Links Mit Alexander von Bormann (Mitte), dem von Erich Fried testamentarisch eingesetzten literarischen Nachlaßverwalter, und Richard Pietrass im Mai 1985 in Laren bei Amsterdam

Oben Lesend am ungewöhnlichen Ort, 1979
Rechts In Südfrankreich, 1980
Mitte links Im Reich der Steine, am Themse-Ufer um 1980
Mitte rechts Im Liegestuhl, 1980
Unten Beim Fossiliensammeln, Südfrankreich 1980

Winfried Woesler verleiht an Erich Fried
die Ehrendoktorwürde der Universität Osnabrück,
Januar 1988.

Ruhm und Preise

Noch lagen erst seine Exil-Gedichtbände *Deutschland* und *Österreich* vor, als sich Erich Fried in der zweiten Hälfte der fünfziger Jahre von London aus an einem großen Lyrik-Wettbewerb der Zeitschrift »Neue Deutsche Hefte« beteiligte. Obwohl nicht unter den ersten Preisträgern, erreichte er immerhin einen Achtungserfolg: Neben den Prämiierten waren der Jury unter den 1427 Einsendern knapp achtzig Dichter aufgefallen, die sie in einer Sonderpublikation mit dem Titel »Lyrik unserer Zeit« vereinigte. Aus heutiger Sicht befand sich Fried hier in ›illustrer‹ Gesellschaft, denn die Sonderpublikation brachte neben seinen Versen u.a. Texte von Jürgen Becker, Walter Helmut Fritz, Peter Härtling, Karl Krolow, Christoph Meckel und Ernst Meister.

1965 lagen bereits die *Gedichte* (1958), die *Warngedichte* (1964), der Roman *Ein Soldat und ein Mädchen* (1960) und die ersten Shakespeare-Übertragungen vor, auf deren Grundlage der baden-württembergische Kultusminister Wilhelm Hahn Frieds literarisches Schaffen würdigte und dem Schriftsteller und Übersetzer die Fördergabe des »Schiller-Gedächtnispreises« überreichte.

Die nächste Preisverleihung fiel in das politisch erregte Klima der frühen siebziger Jahre, entsprechend und typisch auch Frieds Reaktion. Bei den Feierlichkeiten zum »Österreichischen Würdigungspreis für Literatur 1972« gab er 1973 in Wien bekannt, das auf 50 000 Schilling dotierte Preisgeld hauptsächlich zur Unterstützung verfolgter Palästinenser zu verwenden und es deshalb weitgehend an das Hamburger Rechtsanwaltkollektiv Degenhardt/Groenewold und den israelischen Menschen- und Bürgerrechtler Prof. Israel Shahak weiterzuleiten.

Internationales Renommee brachte die 1977 getroffene Entscheidung sieben europäischer Verleger, ihren neu eingerichteten »Prix International des Editeurs« Erich Fried zuzuerkennen. In der Folge wurde seine Auswahl *100 Gedichte ohne Vaterland* außer in Deutschland in England, Frankreich, Holland, Spanien, Italien und Portugal veröffentlicht. Übersetzungen in skandinavische Sprachen folgten.

Die achtziger Jahre waren es dann, in denen Fried – spät – die breite Anerkennung durch Jurys und öffentliche Institutionen im deutschsprachigen Raum erfuhr. Anläßlich der Verleihung des »Bremer Literaturpreises« 1983 entstand die erste große Ausstellung über den Schriftsteller: »Zeit, die sich auch in Gedichten spiegelt«; zur Verleihung hielt Fried die Festrede *Ich soll mich nicht gewöhnen*. Sein Laudator war Herbert Heckmann, der dem Träger der »Ossietzky-Medaille« (1986) später auch die Urkunde zu dem bedeutendsten deutschsprachigen Literaturpreis überreichte, dem »Georg-Büchner-Preis«. In der Begründung der Darmstädter Juroren hieß es: »Die Deutsche Akademie für Sprache und Dichtung verleiht den Georg-Büchner-Preis 1987 Erich Fried, der in seinen poetischen Werken wie in seinen Übersetzungen die deutsche Sprache aus Verdunkelungen und aus dem Geschwätz zu einer unmißverständlichen Triftigkeit führt. Sie würdigt den in jeder Hinsicht mutigen Schriftsteller, der es nicht aufgibt, gegen die Übermacht der Mißstände unserer Welt zu schreiben, bei dem Sprache und Handeln, Wort und Sache eine maßgebliche Einheit werden«. Daß dieser Preisträger keine zahme Festrede halten würde, lag auf der Hand (vgl. S. 12 und S. 127).

Das offizielle Österreich der achtziger Jahre verlieh Fried 1980 den »Preis der Stadt Wien für Literatur«, 1985 das »Goldene Ehrenzeichen für Verdienste um das Land Wien«. Die größte österreichische Auszeichnung wurde ihm 1986 zuteil: Im Vorfeld des 65. Geburtstages übergab Bundeskanzler Sinowatz den erstmals verliehenen »Österreichischen Staatspreis für Verdienste um die österreichische Kultur im Ausland«. An der Wiener Ehrung nahmen Bruno Kreisky, Hans Mayer, Wolf Biermann, Alfred Hrdlicka, Helmut Qualtinger, Erwin Ringel und viele andere Freunde teil.

Erich Fried war schon stark von seinem Krebsleiden gezeichnet, als ihm im Januar 1988 die Universität Osnabrück die Ehrendoktorwürde verlieh. Zehn Monate vor seinem Tod bedankte er sich mit der Rede *Versuche, dichtend zu denken*.

Es ist [...] nicht so leicht, sich einfach zu freuen. Die sieben Verlage, die mir den Preis zuerkannt haben, haben gleichzeitig beschlossen, in allen sieben Sprachen einen Band meines Kollegen Breyten Breytenbach zu veröffentlichen, starke, bildhafte, grimmig lebendige Gedichte, denen man anmerkt, daß Breytenbach auch Maler und Grafiker ist. Die Veröffentlichung dieser Gedichte wäre ein weiterer Anlaß, mich zu freuen. Nur, Breytenbach, den ich persönlich kenne (wir trafen uns auf einer Dichtertagung in Rotterdam), ist nicht hier unter uns, sondern sitzt seit Jahren hinter Gittern, zu neun Jahren Kerker verurteilt, ein politischer Gefangener in Südafrika, wo er wenige Tage nach Ausbruch des Zweiten Weltkrieges geboren wurde. Es ist nicht so leicht, sich heute als Dichter einfach zu freuen, namentlich als Dichter, der Rassismus und Unterdrückung haßt. Solange Breytenbach eingesperrt ist, haben wir kein Recht, uns beim Lesen solcher Gedichte oder bei einem Anlaß wie dem heutigen, einfach zu freuen. [1977]

Oben Verleihung des »Schiller-Gedächtnispreises« 1965 in Stuttgart durch den baden-württembergischen Minister Hahn an (v. l. n. r.): Martin Walser (Förderpreis), Erich Fried (Fördergabe) und Max Frisch (Hauptpreis)
Links *100 Gedichte ohne Vaterland* (Berlin 1978). Der Lyrik-Auswahlband erhielt den »Prix International des Editeurs 1977/78« und erschien den Preisstatuten gemäß in sechs weiteren Sprachen: London (Calder) 1978, Paris (Bourgois) 1978, Amsterdam (Van Gennep) 1978, Barcelona (Anagrama) 1978, Mailand (Feltrinelli) 1979, Lissabon (Dom Quixote) 1979. Eine Übersetzung ins Dänische folgte 1980 bei Husets Forlag in Århus, ins Schwedische 1981 bei Författarförlaget in Uddevalla.

Ins Englische, 1978

Ins Französische, 1978

Ins Niederländische, 1978

Ins Spanische, 1978

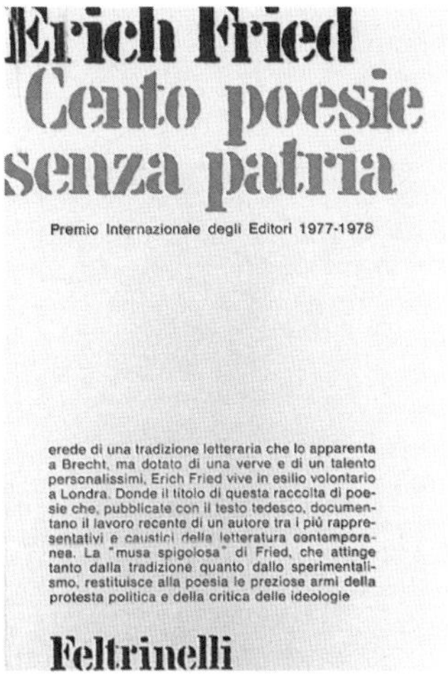

Ins Italienische, 1979

Ins Portugiesische, 1979

Ins Dänische, 1980

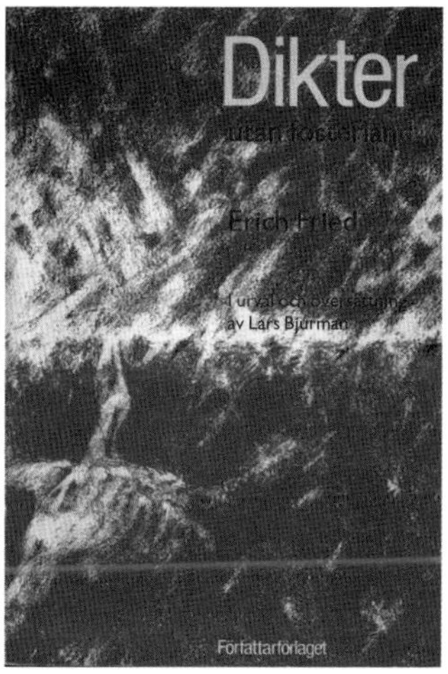

Ins Schwedische, 1981

Während der Verleihung des »Internationalen Verlegerpreises« auf der Buchmesse 1977 durch John Calder und Inge Feltrinelli (rechts), links: Lydia Trüb

Oben links Bürgermeister Helmut Zilk bei der Übergabe des »Goldenen Ehrenzeichens für Verdienste um das Land Wien«, 1985
Oben rechts Mit der »Ossietzky-Medaille«

Bei der Verleihung der »Carl-von Ossietzky-Medaille« durch Carl Heinz Evers, 1986

Der Ossietzky-Preisträger mit seinem Laudator und Freund Helmut Gollwitzer

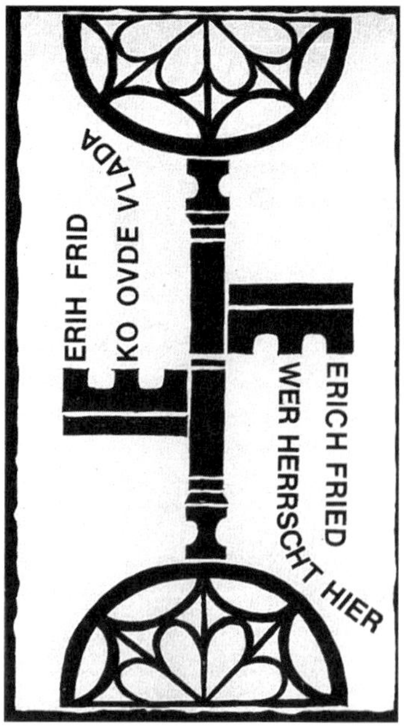

Erih Frid: Ko ovde vlada / Erich Fried: *Wer herrscht hier* (Smederevo 1987). Deutsch-serbokroatischer Lyrik-Auswahlband anläßlich der Verleihung des »Goldenen Schlüssels der Stadt Smederevo«, 1987

Vor genau zwanzig Jahren hat Heinrich Böll, der mir hier in diesem Raum, wie auch sonst, schmerzlich fehlt, seine Rede »Georg Büchners Gegenwärtigkeit« mit den Worten begonnen: »Mein Dank ist herzlich, meine Rede nicht ohne Bitterkeit, notwendigerweise, weil der Preis den Namen Georg-Büchner-Preis trägt.« Diese Worte gelten natürlich auch für mich. Ebenso wie Heinrich Böll und ich hätte sicher auch Büchner selbst einen Aspekt dieser seiner Gegenwärtigkeit bedauert. Nämlich, daß es noch heute, 150 Jahre nach Büchners Tod, so viele grimmige Vergleichsmöglichkeiten mit seiner Zeit gibt. Gewiß, Analogien stimmen nie ganz, aber wo ein »tertium comparationis« überhaupt vorhanden ist, dort sollte man nachdenken und seine Gedanken nicht verschweigen. Böll war nicht der einzige, der das empfand. Fast jeder, der hier an dieser Stelle stand, fühlte sich in ähnlicher Lage. [...]

Unbeantwortbar, aber zugleich unwiderstehlich die Frage: Wie hätte Georg Büchner heute geschrieben? In diesem Land, das sich zur Freiheit bekennt, aber gewaltlose Demonstranten mißhandelt und einsperrt? Das immer von Demokratie spricht, aber hinter den Kulissen einen Pinochet, einen Botha, einen Mobutu und die Contras Reagans unterstützt?

Die Liste der großen und kleinen Schändlichkeiten von der Art, die Büchner bis aufs Blut gepeinigt haben, ließe sich ins Endlose fortsetzen. Da sind die Versuche, Günter Wallraff durch ein Kesseltreiben von Hetze und Verleumdungen zu ruinieren, seit er gezeigt hat, wie es ganz unten zugeht, oder die gerichtlichen und anderen Aktionen, zum Teil von Zuhältern, dem Enthüllungsfotografen Günter Zint das Leben in der Bundesrepublik unmöglich zu machen. Oder das Urteil gegen den Arzt Peter Augst, der zu sagen gewagt hat, »Jeder Soldat ist auf Grund seines Trainings ein potentieller Mörder«, und dafür 10 500,- DM bezahlen soll! Nur noch einen Fall zu erwähnen komme ich nicht umhin, weil er sich hier in Darmstadt ereignet hat. [...] Als vier Roma-Familien von ihrem Urlaub zurückkamen, fanden sie, daß das Haus, in dem sie gewohnt hatten, niedergerissen war. Samt ihren Möbeln, Geschirr, Wäsche, Büchern, Bildern und Andenken an vergaste Roma-Angehörige und Freunde. Es hieß unter anderem, Zigeuner seien ja fahrende Leute, so habe man eben angenommen, daß sie weitergefahren seien. [...]

Georg Büchner hätte allen, die Darmstadt von Romas befreien halfen, vermutlich ein viel dauerhafteres Denkmal gesetzt, als ich es hier vermag. Georg Büchner hätte sicher auch viele Verhaltensweisen – gar nicht nur in

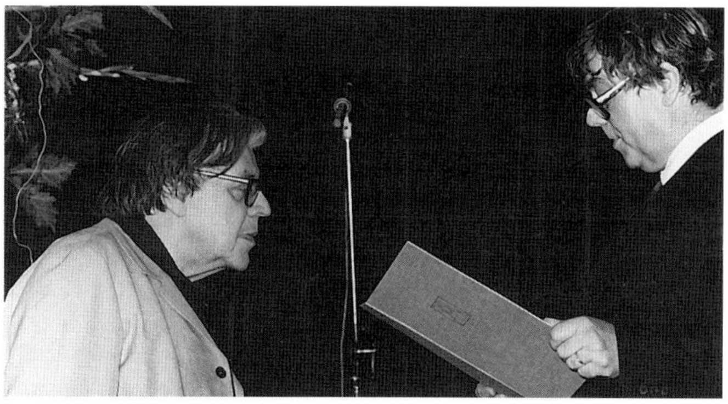

Verleihung des »Georg-Büchner-Preises« durch Herbert Heckmann, 1987

Deutschland – kritisiert, die heute gang und gäbe sind, zum Beispiel das ehrerbietige Stillschweigen vor jedem aufgeblasenen Popanz, der eine Machtposition innehat und den man sonst nur bemitleidet oder verspottet hätte. [...]

[Büchner] war für die Freiheit des Denkens, der Rede und der Kritik, für die Freiheit, diese Welt nicht nur zu diskutieren, sondern sie tätig zu erkennen und zum Besseren zu verändern! [1987]

Nach der »Büchner-Preis«-Vergabe, mit getreuem Anhang: Kurt Groenewold (links stehend), Susanne Krumpholz (sitzend), Birgit Niehaus (rechts)

Mit gebrochenem Bein in London, Central Middlesex Hospital, 1981

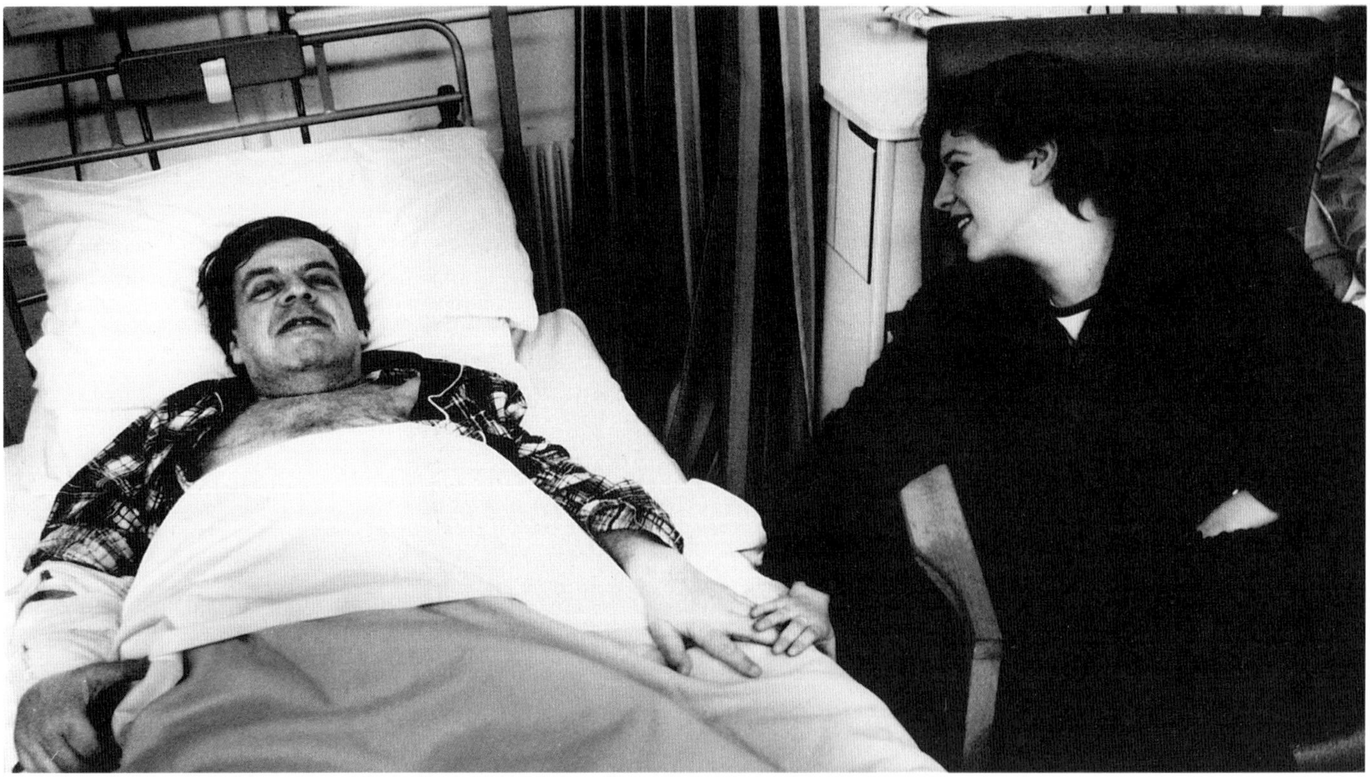

Mit Tochter Petra nach der ersten Krebsoperation, Central Middlesex Hospital, 1982

Die letzten Jahre

Ende der siebziger Jahre, am 24. Dezember 1979, starb einer der engsten politischen Freunde Frieds, Rudi Dutschke. Bei den Berliner Trauerfeierlichkeiten im Januar 1980 las der Dichter die Verse *Für Rudi Dutschke*, die beginnen: »›Jeder ist ersetzbar. / Der Kampf geht weiter‹ / Das stimmt. / Aber das stimmt auch *nicht:* / Nicht jeder ist ersetzbar / und der Kampf hat immer nur das Gesicht und das Herz / des Menschen der kämpft«.

Dutschkes spätere Annäherung an die »Grünen« hatte Fried begrüßt. Er selbst bewegte sich mittlerweile zwischen deren ›Realos‹ und dem linken Flügel der SPD und wünschte sich, wie er 1986 in einem Essay schrieb, *Chaoten an die Macht*, die die verkrustete Politik der etablierten Parteien zu durchbrechen wagten. Mit allen Kräften unterstützte er die »Friedensbewegung«, reagierte bitter auf die konservative Wende (1983) und deren Folgeerscheinungen, Kohls Besuch des Bitburger Soldatenfriedhofs mit Ronald Reagan (1985) oder den 1986 einsetzenden »Historikerstreit«.

Nach erfolglosen Bemühungen zu Beginn der sechziger Jahre hatte Fried erst 1982 seine österreichische Staatsbürgerschaft wiedererlangt, ohne seine britische, die er seit 1949 besaß, aufzugeben. Als Mitglied der »Labour Party« bekämpfte er den ›Thatcherismus‹; in Österreich sprach er sich gegen die Wahl Kurt Waldheims zum Bundespräsidenten aus (1986) – gleichzeitig setzte er große Hoffnungen auf die Umgestaltung des ›real existierenden Sozialismus‹ durch das »Glasnost«-Programm Gorbatschows (ab 1985), dem er über den UdSSR-Botschafter in Österreich ermutigende Gedichte zukommen ließ.

Bereits 1982 mußte sich Fried einer Krebsoperation unterziehen; eine zweite Operation, ebenfalls in London, folgte 1985. Trotzdem setzte er seine engagierten Reisen auf dem Kontinent fort, dabei stets auch mit neuen Texten im Gepäck wie etwa den Lyriksammlungen *Es ist was es ist* (mit dem mittlerweile bekanntesten Fried-Gedicht *Was es ist,* 1983) und *Um Klarheit* (1985) oder dem vielbeachteten Erinnerungsband *Mitunter sogar Lachen* (1986).

Auch in dieser Zeit war und blieb Fried, der gerne Conrad Ferdinand Meyers Sentenz »Ich bin kein ausgeklügelt Buch, / Ich bin ein Mensch mit seinem Widerspruch« zitierte, umstritten. Der »Spiegel« warf dem Dichter »Trauerarbeit vom lyrischem Fließband« vor (1987), die CDU versuchte das Gedicht *Wo liegt Nicaragua* an nordrhein-westfälischen Schulen verbieten zu lassen (1988). Und selbst manche engen Freunde brachten kein Verständnis dafür auf, daß Fried 1985 den Neonazi Michael Kühnen in geduldigen Briefen und Gesprächen (zeitweise im Gefängnis) zur politischen Umkehr zu bewegen versuchte.

Im Schatten fortschreitender Krankheit und des nahenden Todes hießen seine letzten Gedichtbände *Am Rand unserer Lebenszeit* (1987) und *Unverwundenes* (1988). Eine dritte Krebsoperation wurde im November 1988 notwendig, in Deutschland. Am 25. des Monats sollte Fried zur Enthüllung des »Mahnmals gegen Krieg und Faschismus« des befreundeten Wiener Künstlers Alfred Hrdlicka sprechen. Vom Krankenbett aus schickte der Schriftsteller ein Grußwort nach Wien.

Als es dort verlesen wurde, war Erich Fried bereits tot. Er starb am 22. November 1988 in Baden-Baden. Zahlreiche Freunde und Bekannte kamen am 9. Dezember zur Trauerfeier und Beisetzung auf den Londoner Friedhof »Kensal Green« (W 10). Für den Grabstein wählte die Familie den Anfang des Gedichtes *Vielleicht*, der lautet:

Gedichte
die viel zerstörbarer sind
als Stein
werden vielleicht
mein Haus aus Stein
überdauern

Bei den Proben zur Aufführung von Frieds Übersetzung des Shakespearschen *Kaufmann von Venedig,* Schauspielhaus Köln, Spielzeit 1979/80

Bei der Arbeit am *Falstaff* in Wien, 1985/86

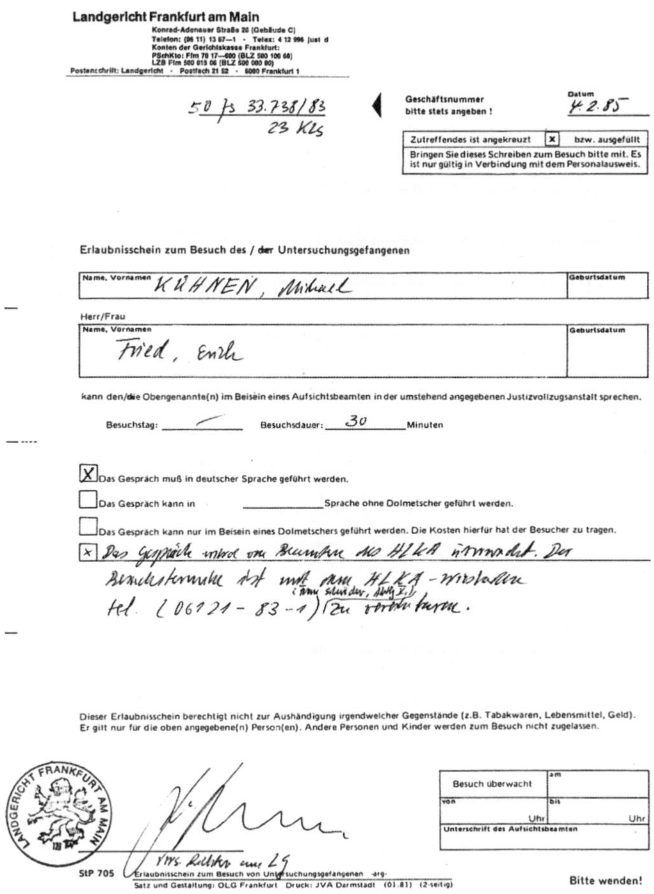

Landgericht Frankfurt am Main
Konrad-Adenauer Straße 20 (Gebäude C)
Telefon: (06 11) 13 67—1 · Telex: 4 12 996 just d
Konten der Gerichtskasse Frankfurt:
PSchKto: Ffm 70 17—600 (BLZ 500 100 60)
LZB Ffm 500 015 06 (BLZ 500 000 00)
Postanschrift: Landgericht · Postfach 21 52 · 6000 Frankfurt 1

50 Js 33.738/83
23 KLs

Geschäftsnummer bitte stets angeben !

Datum 4.2.85

Zutreffendes ist angekreuzt [x] bzw. ausgefüllt
Bringen Sie dieses Schreiben zum Besuch bitte mit. Es ist nur gültig in Verbindung mit dem Personalausweis.

Erlaubnisschein zum Besuch des / ~~der~~ Untersuchungsgefangenen

Name, Vornamen: KÜHNEN, Michael — Geburtsdatum:

Herr/Frau
Name, Vornamen: Fried, Erich — Geburtsdatum:

kann den/~~die~~ Obengenannte(n) im Beisein eines Aufsichtsbeamten in der umstehend angegebenen Justizvollzugsanstalt sprechen.

Besuchstag: — Besuchsdauer: 30 Minuten

[X] Das Gespräch muß in deutscher Sprache geführt werden.
[ ] Das Gespräch kann in ______ Sprache ohne Dolmetscher geführt werden.
[ ] Das Gespräch kann nur im Beisein eines Dolmetschers geführt werden. Die Kosten hierfür hat der Besucher zu tragen.
[x] Das Gespräch wird von Beamten des HLKA überwacht. Der Besuchstermin ist mit dem HLKA-Wiesbaden (Herrn Schneider, Abtlg. I.) tel. (06121-83-1) zu vereinbaren.

Dieser Erlaubnisschein berechtigt nicht zur Aushändigung irgendwelcher Gegenstände (z.B. Tabakwaren, Lebensmittel, Geld).
Er gilt nur für die oben angegebene(n) Person(en). Andere Personen und Kinder werden zum Besuch nicht zugelassen.

LANDGERICHT FRANKFURT AM MAIN

Vors. Richter am LG

Besuch überwacht	am
von Uhr	bis Uhr
Unterschrift des Aufsichtsbeamten	

StP 705 Erlaubnisschein zum Besuch von Untersuchungsgefangenen -arg-
Satz und Gestaltung: OLG Frankfurt Druck: JVA Darmstadt (01.81) (2-seitig)

Bitte wenden!

Oben links Im Gespräch mit (v. l. n. r.) Franz Fühmann, Alfred Wellm und Volker Braun auf der »Berliner Begegnung zur Friedensförderung«, Dezember 1981
Mitte links Lesung mit Peter-Paul Zahl 1982 in der Brotfabrik, Frankfurt a. M.
Unten links Diskussion mit Offizieren in der Militärakademie Wiener Neustadt, 1984
Oben Erlaubnisschein zum Besuch des Neonazis Michael Kühnen in der Untersuchungshaft, 1985
Unten Während der Ossietzky-Tage in Oldenburg, 1988

Oben Im Gespräch mit Lea Rosh in der Wohnung Klaus Wagenbachs, Dezember 1986
Unten Mit Klaus Wagenbach in den neuen Verlagsräumen, 1984

Oben Mit Ernesto Cardenal auf dem Evangelischen Kirchentag in Hannover, 1986
Unten Auf der »Berliner Begegnung« mit Heiner Müller (links neben Fried), achtziger Jahre. An ein späteres Gespräch in Frankfurt a. M. erinnerte sich Heiner Müller: »Ich habe einen tapferen Mann kennengelernt, bevor er seinen tapferen Tod starb, mit dem er schon lange gelebt hatte. Ich verstehe jetzt, warum es dem Marxisten Erich Fried manchmal schwerfiel, den Spruch des Katholiken T. S. Eliot ›Poetry doesn't matter‹ nicht zu unterschreiben« (Erich Fried / Heiner Müller. *Ein Gespräch.* Berlin 1989).

Begehung der Kilburn High Road, 1987, mit (von links): Sohn Klaus, Claudia Hahm, Catherine Fried

Bei der Müllkontrolle

Nach der Müllkontrolle

Wichtig / ist nicht nur / daß ein Mensch / das Richtige / denkt

sondern auch / daß der / der das Richtige / denkt

ein Mensch ist

In Hamburg, 1981

Oben Mit doppeltem Durchblick, 1986
Unten Als Roter, um 1900

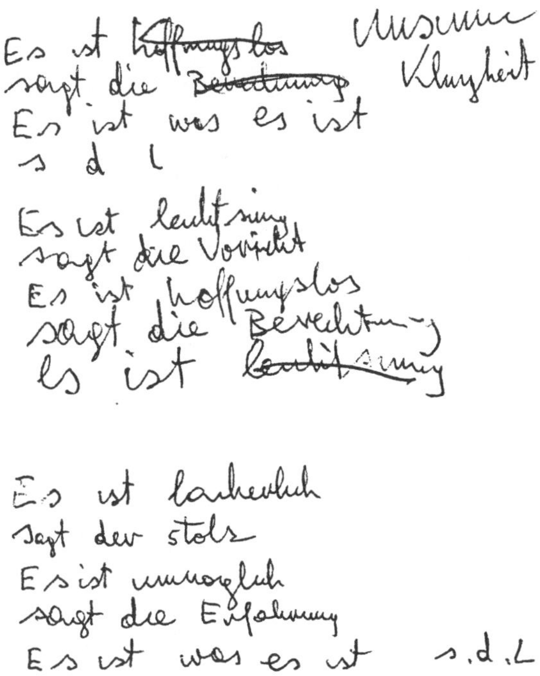

Links oben *Es ist was es ist* (Berlin 1983).
Die Sammlung enthält das legendäre Gedicht *Was es ist.*
Mitte links *Mitunter sogar Lachen* (Berlin 1986).
Das erfolgreiche Buch mit autobiographischen Texten Frieds
Links unten *Unverwundenes* (Berlin 1988).
Der Band erschien im Herbst 1988, wenige Monate vor Frieds Tod.
Oben Notizen zum Gedicht *Was es ist* (Nachlaß)

Beim Studium der Arbeit eines erfolgreicheren Kollegen, um 1980

KÄRNTEN: GEDANKEN AN MARIA SAAL

Auf der Straße von Klagenfurt nach Maria Saal
der Heuwind
Alte Höfe und Scheunen: die milde Verwitterung
von Holz und Stein
die im Sonnenlicht aussieht wie Frieden
[...]

Keine Unruhe auf dem Weg nach Maria Saal.
Die Gelassenheit der tausendjährigen Mauern
verbreitet Ruhe.
Vorbei an dem römischen Grabstein
vorbei an uralten Häusern des Kirchenbezirkes
hinein durch das Tor
in die Stille der Wallfahrtskirche
[...]

[1978]

Oben Die Pfarrkirche von Maria Saal, von der Fried im nebenstehenden Gedicht (Auszug) spricht
Unten Landschaft bei Maria Saal im Klagenfurter Becken (Kärnten). Kärnten und Klagenfurt, die Heimat Ingeborg Bachmanns, hat Erich Fried besonders gemocht. Zu einer Fried-Lesung im Mai 1978 in Klagenfurt kam die Mutter Ingeborg Bachmanns, um den befreundeten Kollegen ihrer früh verstorbenen Tochter einmal persönlich zu erleben.

Beim Retten einer Biene, achtziger Jahre

ZU GUTER LETZT

Als Kind wußte ich:
Jeder Schmetterling
den ich rette
jede Schnecke
und jede Spinne
und jede Mücke
jeder Ohrwurm
und jeder Regenwurm
wird kommen und weinen
wenn ich begraben werde

Einmal von mir gerettet
muß keines mehr sterben
Alle werden sie kommen
zu meinem Begräbnis

Als ich dann groß wurde
erkannte ich:
Das ist Unsinn
Keines wird kommen
ich überlebe sie alle

Jetzt im Alter
frage ich: Wenn ich sie aber
rette bis ganz zuletzt
kommen doch vielleicht zwei oder drei?

[1983]

SIE WIRD ALT

In Katzenjahren gerechnet
ist sie nicht viel älter als ich
Sie bewegt sich vorsichtig:
Vom Fensterbrett springt sie
zuerst auf den Stuhl hinunter
und dann zögernd zu Boden

Sie geht langsam zu ihrem Napf:
Jede Bewegung ein Schmerz

Ich beginne aufzustehen
um ihr Futter zu geben
Ich zucke zusammen
und muß stillstehend
einatmen
ausatmen

Richtig:
Jede Bewegung ein Schmerz

[1988]

Im Hause von Marily Stroux, Hamburg 1987

Wenn auch nur von einem grimmigen Krankenbett aus, möchte ich mir doch die Freude nicht nehmen lassen, Alfred Hrdlickas antifaschistisches Denkmal zu begrüßen. Ich ziehe es vor, daß es Denkmal und nicht Mahnmal heißt. Ein Mahnmal drückt den Geist des Beschauers mehr oder minder zwingend in eine Richtung. Ein Denkmal läßt uns denken. Natürlich kann auch ein Denkmal nicht immer Triumph und Jubel sein, aber dadurch, daß man auch schwere Fehler bekennt, kann eine Stadt oder ein Volk seine Integrität zurückgewinnen. [...] Hrdlickas Denkmal ist ein aufgebrochenes Denkmal, in dem man selbst seinen Aufbruch nimmt, und das kann nie so ausweglos bedrückend sein wie ein zusammenfassendes Denkmal. Alfred Hrdlicka hat Denkmäler beider Art geschaffen. Er weiß, was er tut.

Er gibt uns jene Rechtschaffenheit der Freiheit, ohne die man nichts lernen kann. [1988]

Links Alfred Hrdlickas »Mahnmal gegen Krieg und Faschismus«, in der Nähe der Wiener Oper. Fried, der das Denkmal mit einweihen sollte, schickte nach seiner dritten Krebsoperation das oben stehende *Grußwort* nach Wien. Das Denkmal wurde am 25. November 1988 enthüllt.
Unten Mit Alfred Hrdlicka in Wien, 1988. Dahinter (verdeckt) Michael Lewin und Werner Rotter, daneben Brigitta Wutscher

Lesung im Theater im Palast, Berlin / DDR, März 1987.
Moderatorin: Vera Oelschlägel, damalige Intendantin

Während der Aufnahmen bei »1 Plus«,dem Kulturprogramm der ARD, am 3. November 1988 für die Sendung »Pluspunkte« zum Thema »Reichskristallnacht 1938«. Direkt aus dem Fernsehstudio wird Fried in ein Krankenhaus in Baden-Baden eingeliefert.
Er stirbt dort am 22. November 1988.

Ein Gedicht Erich Frieds an der Berliner Mauer (East Side Gallery), 1990

Erich Fried

Die Idee zum vorliegenden Bildband entstand im November 1994 in Wien. Catherine Fried-Boswell besuchte die Nachlaß-Arbeitsstelle am Österreichischen Literaturarchiv (Österreichische Nationalbibliothek) und war überrascht über die Fülle des Fotomaterials, das im Nachlaß auftauchte. Da auch sie noch eine umfangreiche Sammlung mit vielen unveröffentlichten Fotos besaß, diskutierten wir mit Klaus Wagenbach eine Veröffentlichung; Herausgeber und Verlag begannen weitere Recherchen.

Aus dem so entstandenen Korpus sind die hier veröffentlichten Dokumente und Fotos selbstverständlich nur eine Auswahl, die aber alles Wichtige enthält, wobei wir der frühen, oft unbekannten Zeit mehr Raum gaben.

Den Bildern haben wir da, wo es sinnvoll war, Texte von Erich Fried gegenüberstellt (die in vielen Fällen rückblickend sind; zur Datierung vgl. S. 143), so daß – hoffentlich – ein plastischer Eindruck von der Vita eines Autors entsteht, der weder auf einen kruden Marxisten, noch einen »dichtenden Verschwörungsneurotiker«, noch den Verfasser der *Liebesgedichte* (als der er vor allem dem jüngeren Lesepublikum bekannt ist) reduziert werden kann.

Person und Werk Erich Frieds haben viele Facetten: Wir haben uns bemüht, keine zu unterdrücken, auch nicht die weniger schmeichelhaften, sondern sind den Dokumenten (soweit vorhanden) gefolgt.

Das vorliegende Buch würde nicht existieren ohne den Zuspruch und Rat Klaus Wagenbachs, die immer zuverlässige Unterstützung der Verlagsmitarbeiterin Christiane Jessen und die engagierte Hilfe von Beate Hareter (Wien), die unter anderem wertvolle Hinweise zur Familiengeschichte aus Frieds Nachlaß beisteuerte. Ihnen schulden wir ebenso Dank wie den vielen anderen, die auf der nebenstehenden Seite genannt werden.

Die Herausgeber
London / Wien, im Frühjahr 1996

CATHERINE FRIED-BOSWELL
Grafikerin und Fotografin. Geboren 1936 in London. Studium der englischen Sprache und Literatur am University College, London (BA Honours Degree). Von 1960 bis 1962 Malerin und Sprachlehrerin in Paris. Heiratet 1965 Erich Fried (drei Kinder). Mit Unterbrechungen von 1977 bis 1990 Kunststudium am Londoner Camden Institute (Zeichnen, Radierung und Fotografie), ab 1991 Skulptur an der Central St. Martin's School of Art, London (BA Honours Degree). (Gruppen-) Ausstellungen in London, Bremen, Frankfurt / M. und Wien. Veröffentlichte zusammen mit ihrem Mann: *In die Sinne einradiert.* Radierungen Catherine Fried-Boswell. Gedichte Erich Fried. Köln 1985.

Oben Erich und Catherine Fried, London 1988

VOLKER KAUKOREIT
Geboren 1955, Studium der Germanistik und Romanistik in Köln, Rennes / Frankreich und Düsseldorf (Dissertation über Erich Fried). Bis 1991 wissenschaftlicher Redakteur der historisch-kritischen Gesamtausgabe der Werke Heinrich Heines in Düsseldorf, seit 1992 als Mitarbeiter des Österreichischen Literaturarchivs der Österreichischen Nationalbibliothek in Wien mit der Bearbeitung des Nachlasses von Erich Fried beschäftigt. Ab 1986 mehrfach Gastdozent an der Deutschen Sommerschule der University of New Mexico (Albuquerque / Taos). Zahlreiche (vorwiegend kleinere) Veröffentlichungen zur Literatur des 19. und 20. Jahrhunderts. Mitherausgeber der *Gesammelten Werke* von Erich Fried. Berlin 1993.

Oben Düsseldorfer »Nacht der Poeten« 1988: Miriam Ullrich (links), Volker Kaukoreit (rechts) und Claudia Hahm (im Hintergrund)

Literaturverzeichnis

GW = Erich Fried: Gesammelte Werke (in vier Bänden). Hg. v. Volker Kaukoreit und Klaus Wagenbach. Berlin (Verlag Klaus Wagenbach) 1993
[Beispiel: GW 4, 617 gleich Bd. 4, S. 617]

S. 16 Erich Fried / Joern Schlund: Weltbausteine, Möglichkeiten des Weiterlebens. Bilder, Texte, Gespräche. Münster (Agenda) 1994, S. 38 (Gedichttext nach dem Original)
S. 17 »Wochenpresse« 10/1988, zit. n. Am Alsergrund. Erich Frieds Jugendjahre in Wien 1921-1938. Hg. v. V. Kaukoreit u. W. Urbanek. Wien (Turia + Kant) 1995, S. 35
S. 18 Erich Fried: Was war sein Leben? Rückblick auf eine schwierige Beziehung, in: S. Feigl / E. Pablé (Hg.): Väter unser. Reflexionen von Töchtern und Söhnen. Wien (Verlag der Österreichischen Staatsdruckerei) 1988, S. 73-87, hier S. 75 f.
S. 19 (1) Herlinde Koelbl: Jüdische Porträts. Frankfurt a. M. (S. Fischer) 1989, S. 69. (2) Erich Fried: Gedanken in und an Deutschland. Essays und Reden. Hg. v. M. Lewin. Wien (Europaverlag) 1988, S. 195
S. 20 GW 3, 115
S. 21 (1) GW 4, 530. (2) »Die Zeitung« (London), 18. 2. 1944, zit. n. Am Alsergrund, a. a. O., S. 103 f.
S. 24 (1) GW 4, 595. (2) GW 4, 629
S. 25 Erich Fried: Was war sein Leben?, a. a. O., S. 74
S. 26 Erich Fried: Was war sein Leben?, a. a. O., S. 74 u. 85 f.
S. 27 Erich Fried: Was war sein Leben?, a. a. O., S. 75
S. 31 (1) GW 4, 617 u. 619. (2) Nachlaß Erich Fried am Österreichischen Literaturarchiv der Österreichischen Nationalbibliothek, Wien (unveröffentlicht)
S. 32 (1-3) Erich Fried: Was war sein Leben?, a. a. O., S. 78, 77 u. 79
S. 33 Erich Fried: Was war sein Leben?, a. a. O., S. 80
S. 35 (1) GW 4, 528. (2) Nachlaß, zit. n. Am Alsergrund, a. a. O., S. 92
S. 36 GW 4, 537 f.
S. 37 (1) GW 4, 532 f. (2) Erich Fried: Was war sein Leben?, a. a. O., S. 76 f.
S. 41 GW 4, 536 f.
S. 42 »Freibeuter« (Berlin), 7/1981, S. 14
S. 43 GW 4, 540 ff.
S. 44 GW 4, 547
S. 47 GW 4, 568 ff.
S. 48 (1) »Die Zeitung« (London), 25. 6. 1944, zit. n. Am Alsergrund, a. a. O., S. 98 f. (2) GW 4, 469. (3) Erich Fried: Der zweite Besuch, Nachlaß (unveröffentlicht)
S. 49 GW 4, 557 ff.
S. 50 (1) GW 4, 559 ff. (2) Erich Fried: Was war sein Leben?, a. a. O., S. 81 f.
S. 51 Erich Fried: Was war sein Leben?, a. a. O., S. 85
S. 52 GW 1, 53 f.
S. 57 GW 4, 590
S. 58 GW 4, 590 f.
S. 60 Georg Eisler. Landschaft des Exils. Hg. v. M. Lewin. Wien / Frankfurt a. M. (Europaverlag) 1987, S. 11, 13 u. 15
S. 61 Mut. Gedichte junger Österreicher. London 1943, S. 17 f.
S. 63 Erich Fried / Joern Schlund: Weltbausteine, Möglichkeiten des Weiterlebens, a. a. O., S. 19 f.
S. 74 Erich Fried: Die Muse hat Kanten. Hg. v. V. Kaukoreit. Berlin (Verlag Klaus Wagenbach) 1995, S. 126
S. 75 Einblicke – Durchblicke. Fundstücke und Werkstattberichte aus dem Nachlaß von Erich Fried. Hg. v. V. Kaukoreit. Wien (Turia + Kant) 1993, S. 101 f.
S. 76 Erich Fried: Englische Lyrik heute, in: »Frankfurter Allgemeine Zeitung«, 10. 11. 1955
S. 80 »Intimus«-Sendung (Auszug) des »German Soviet Zone«-Programmes der BBC, 4. 11. 1963, Nachlaß (unveröffentlicht)
S. 81 »Intimus«-Sendung (Auszug) des »German Soviet Zone«-Programmes der BBC, 2. 5. 1966, Nachlaß (unveröffentlicht)
S. 83 Erich Fried: Stärken und Schwächen, in: »Frankfurter Rundschau«, 10. 10. 1967
S. 88 Erich Fried: Zu meinem Libretto, in: Programmheft zur Uraufführung von »Arden muß sterben«, Hamburgische Staatsoper 1967, S. 78
S. 90 GW 1, 373
S. 91 Erich Fried: Anfragen und Nachreden. Hg. v. V. Kaukoreit. Berlin (Verlag Klaus Wagenbach) 1994, S. 189
S. 96 Erich Fried: London, N. W. 2, in: »werk und zeit« (Darmstadt), 1/1979, S. 11 u. 10
S. 97 Erich Fried: London, N. W. 2, in: »werk und zeit« (Darmstadt), 1/1979, S. 10
S. 107 Erich Fried: Anfragen und Nachreden, a. a. O., S. 143 u. 149
S. 118 Erich Fried: Mein Gedächtnis ist mein Körper, in: »Die Zeit« (Hamburg), Nr. 20, 13. 5. 1983
S. 124 Erich Fried: Gedanken in und an Deutschland, a. a. O., S. 121
S. 127 Erich Fried: Anfragen und Nachreden, a. a. O., S. 248 ff.
S. 134 GW 2, 471
S. 136 Zit. n. Erich Fried und Österreich. Bausteine zu einer Beziehung. Wien (Katalog Literaturhaus Wien) 1992, S. 58
S. 137 (1) GW 3, 79. (2) GW 3, 375
S. 138 Zit. n. Erich Fried und Österreich, a. a. O., S. 37

Das Entstehungsdatum der Texte im Band wird durch in eckige Klammern gestellte Jahreszahlen angegeben. Ist die Entstehungszeit nicht genau feststellbar, bezieht sich die Angabe auf ein erschlossenes Datum oder nur auf das Erscheinungsjahr des betreffenden Textes.

Bildnachweis

Trotz gewissenhafter Recherche konnten nicht alle Urheberrechte an den Abbildungen geklärt werden. Berechtigte Ansprüche mögen bitte dem Verlag gemeldet werden.

S. 2; 117 o. l.; 132 o. r.: Peter Peitsch, Hamburg ▪ S. 4; 114 o. l.; 119 u.; 137 u.; 142 u. r.: Roland Paschhoff, Leopoldshöhe ▪ S. 6/7; 131 M. l.: Abisag Tüllmann, Frankfurt a. M. ▪ S. 14 o., M.: Privatbesitz Helmut Kustad, Wien ▪ S. 14 u.; 21 o.; 32; 33 o.; 34 o.; 39 o. l.; 43 o.; 44 u.; 47 o. r.; 52; 53 u.; 66 M.; 136; 138 o.: Österreichische Nationalbibliothek / Bildarchiv, Wien ▪ S. 15; 16; 17 o. l. (M. Larisch), o. r. (F. Knozer), u. (I. Fleck); 18; 19 u.; 20 u. l. (A. Huber); 21 M., u. l. (B. Jacob), u. r.; 23 o. l., u.; 24 u.; 25; 27; 31 u.; 51 o.; 53 o.; 60 o. r.; 65 u.; 66 u. l. (Nachlaß Hilde Spiel); 67 o. l. (H. Plemmons); 72 o. r. (H. Guggenbühl); 76 o.; 77 u. l.; 92 o. r.; 103 u.; 106 o.; 108 u.; 109 o. r., u. l.; 110 M. (Kirchberger); 111 o. r., u. r.; 116 u. l., u. r. (K. Benning), 118 o., M. l.; 120 o. r., M. r.; 131 o. r.; 134 o. r. (I. Snyder); 135 o. r.: Österreichische Nationalbibliothek / Literaturarchiv, Wien ▪ S. 19 o. l.: Pierre Genée: Wiener Synagogen 1825-1938. Wien 1987 (mit freundlicher Genehmigung des Autors) ▪ S. 19 o. r.; 39 o. r.: Historisches Museum der Stadt Wien ▪ S. 20 o. r., u. l.; 22; 24 o.; 26; 30; 31 o.; 38; 46; 50; 56 u. l.; 68 o. (H. Plemmons), u. l. (F. Schwarz), u. r. (BBC); 71 o. l., o. r. (H. Plemmons), M., u. l. (H. Plemmons), u. r.; 72 o. l., o. M., u.; 73; 74 M. (BBC); 75 o. r. (H. Plemmons); 77 o. r. (BBC); 86 o., M. l., M. r. (C. Bennett), u.; 87 o. r. (J. Meller), M.; 89 o. r. (H. Plemmons); 101 M. r., u. (J. Meller); 102 o. l., M. l., u. l.; 110 o. r. (H. G. Trenkwalder), u.; 114 o. r. (R. Schulze-Vorberg), M. l., u.; 116 M. l.; 117 M. l.; 119 o. (K.-H. Meybohm); 120 u.; 124 o.; 126 o. r.; 131 u. l., u. r. (C. Harder): Privatbesitz Catherine Fried, London ▪ S. 23 o. r.; 28; 33 u.; 34 u.; 35 M.; 36 u.; 37; 39 u. r.; 42 u.: Sammlung Erik Schütz (Peter Schütz, Wien) ▪ S. 35 o., M., u.; 41 u.; 42 o.; 47 o. l. (Sammlung Schütz); 48 u.; 49; 51 u.: Bezirksmuseum Alsergrund, Wien ▪ S. 36 o.; 45 u.: Ruth Beckermann (Hg.): Die Mazzesinsel. Juden in der Wiener Leopoldstadt 1918-1938. Wien (Löcker Verlag) 1984 ▪ S. 39 u. l.; 64 u.; 74 o. l.; 76 u.; 87 u. l., u. r.; 88 u.; 89 o. r.; 97 o. (Sammlung Joern Schlund); 99 o. r. (Sammlung Joern Schlund, T. Eichhorn); 101 o. (Sammlung Joern Schlund); 106 u. r.; 107 M.; 109 M.; 111 M. l.; 115 u. r.; 118 M. r.; 125 o., M.; 126 M. r.; 140 u.: Privatarchiv Volker Kaukoreit, Wien ▪ S. 40; 41 M.: Archiv der Bundespolizeidirektion Wien ▪ S. 41 o.; 54: Österreichisches Institut für Zeitgeschichte / Bildarchiv, Wien ▪ S. 43 u.; 44 o.; 91; 107 o.; 115 o. l. (A. Paczensky): Ullstein Bilderdienst, Berlin ▪ S. 45 o.; 57; 58 M., u.; 59; 66 u.: Dokumentationsarchiv des österreichischen Widerstandes, Wien ▪ S. 47 u.: Wiener Stadtwerke-Verkehrsbetriebe ▪ S. 48 M.: Katrin Schäfer, Bamberg ▪ S. 56 u. r.; 67 u.; 70; 87 o. l.; 93 u.; 96; 97 u.; 99 o. l., u.; 100; 112; 114 M. r.; 121; 128; 134 u. r.; 135 u. r.; 137 o.; 140 o.: Catherine Fried, London ▪ S. 56 o.; 63 o.; 77 u. r.: Hulton Deutsch, London ▪ S. 58 o.; 65 o.: Privatbesitz Arthur West, Wien ▪ S. 60 o. l.: Privatbesitz Georg Eisler, Wien ▪ S. 61 o. (T. H. Williams), u. (Toogood); 62 (J. Eadie); 63 u.; 64 o. (C. Rimmer): Barnaby's Picture Library, London ▪ S. 66 o.; 82 o. l., u. l.; 89 u. l.; 102 o. r. (C. Feyerabend); 108 o., M. l.; 109 o. l. (M. Elac); 110 o. l. (G. Dischner); 111 u. l.; 115 o. r. (A. Dorscheid); 116 o. r. (A. Meyer); 124 u.; 125 M. r.; 127 o. (P. Hönig); 132 o. l., u. l.; 135 o. l., M. l., u. l.; 139 u. (F. Biermann): Archiv Verlag Klaus Wagenbach, Berlin ▪ S. 67 o. r.: Schiller-Nationalmuseum / Deutsches Literaturarchiv, Marbach a. N. ▪ S. 74 o. r.; 92 u.; 93 o. l.: Bilderdienst Süddeutscher Verlag, München ▪ S. 75 o. l. (Nachlaß F. Baermann Steiner), u. l. (Nachlaß H. G. Adler): Privatbesitz Jeremy Adler, London ▪ S. 77 o. l.: Literary Agency Irena Marner, London ▪ S. 78 o.: Otl Aicher (Abdruck mit freundlicher Genehmigung der Liepman AG, Zürich) ▪ S. 78 u.; 80; 81; 117 o. r.: Renate von Mangoldt, Berlin ▪ S. 82 o. r., u. r.; 83 o. l.: Toni Richter, München ▪ S. 83 o. r.; 103 o.: Gisela Dischner, Hannover ▪ S. 84; 90 u. (Lohmann): AP Associated Press, Frankfurt a. M. ▪ S. 88 o.; 92 o. l.: Keystone Pressedienst, Hamburg ▪ S. 89 u. r.: Bayerische Staatsbibliothek München ▪ S. 90 o.; 108 M. r.; 109 u. r.: dpa, Frankfurt a. M. ▪ S. 93 o. r.; 104: Erben Andreas Buttmann, Bremen ▪ S. 94; 98; 102 u. r.; 120 o. l.; 122; 133; 142 u. l.: Pan-Foto / Günter Zint, Hamburg ▪ S. 101 M. l.; 138 u.: FAZ / Barbara Klemm, Frankfurt a. M. ▪ S. 106 M.: Eckhard Supp, Offenbach ▪ S. 106 u. l. (H. Schmitt / stern); 107 (H. Schmitt / stern): Picture Press, Hamburg ▪ S. 115 u. l.: Günther Nenning, Wien ▪ S. 116 o. l.: Hanne Garthe, Saarbrücken ▪ S. 116 M. r.; 126 M. l., u. l.: Marianne Fleitmann, Berlin ▪ S. 117 M. r.; 132 u. r.: Roger Melis, Berlin ▪ S. 117 u.: Photostudio Willibald Haslinger, Wien ▪ S. 125 u.: Isolde Ohlbaum, München ▪ S. 126 o. l.: Landesbildstelle Wien ▪ S. 127 u.: Claus Gretter, Frankfurt a. M. ▪ S. 130 o.: M. Paul Leclaire, Köln ▪ S. 130 u.: Sascha Manówicz, Wien ▪ S. 131 o. l. (Senft): BAK / ADN, Koblenz ▪ S. 134 o. l., M. l., u. l.: Cornelius Groenewold, Hamburg ▪ S. 139 o. l.: Michael Schroedter, Berlin ▪ S. 139 o. r.: Marduk Buscher, Baden-Baden.

Dank

Die Herausgeber und der Verlag danken allen im Bildnachweis genannten Personen und Institutionen sowie folgenden Einzelpersonen für ihre Hilfe:
Generaldirektor Hans Marte, Gerda Mraz, Monika Jagos, Ingrid Oentrich und Werner Rotter (alle Österreichische Nationalbibliothek, Wien), Alexander von Bormann (Laren), Ursula Bothe (Frankfurt a. M.), Nina Buttmann (Bremen), Michaela Gaunerstorfer (Wien), Kurt Groenewold (Hamburg), Claudia Hahm (Wuppertal), Brigitte van Heldt (Marbach a. N.), Reinhard Horn (München), Elisabeth Klamper (Wien), Christoph Köhler (Berlin), Heinz Lunzer (Wien), Irena Marner (London), Klaus Morgenstern (Berlin), Stefan Moses (München), Birgit Niehaus (Garbsen), Elisabeth Plessen (Wien), Ingeborg Quaas (Berlin), Dorothea Ridder (Berlin), Joern Schlund (Münster), Rainer M. Schulz (Berlin), Katharina von Uslar (Berlin), Willi Urbanek (Wien) und Jürgen Wittneben (Berlin).

Gesammelte Werke

Gedichte und Prosa

Herausgegeben von Volker Kaukoreit und Klaus Wagenbach.
Werkausgabe mit sämtlichen veröffentlichten Gedichten und der erzählenden Prosa, in chronologischer Folge.
»Eine editorische Glanzleistung von beinahe anachronistischer anmutender Genauigkeit.« Michael Bauer, DIE WELT
Mit Anmerkungen, einem Gesamtregister und bebilderten Lebensdaten. 4 Bände im Schuber. 2752 Seiten. Halbleinen. Fadenheftung

Mitunter sogar Lachen

Zwischenfälle und Erinnerungen

Ein Buch der Erinnerung an die Jugend in Wien und die ersten Jahre der Emigration in London.
Quart*buch*. Leinen. 160 reich bebilderte Seiten

Liebesgedichte

Freundlich, zärtlich und manchmal lustig beschreibt Erich Fried die Gefühle außerhalb des Konsums, das Vertrauen zum anderen dort, wo sonst niemand niemandem traut.
Quart*buch*. 104 Seiten

Es ist was es ist

Liebesgedichte Angstgedichte Zorngedichte

Eine Gedichtsammlung, die nicht nur das berühmteste Gedicht Erich Frieds enthält, sondern uns den ganzen Autor vorstellt, mit seinem ästhetischen Anspruch und seinem kritischen Zweifel.
Quart*buch*. 112 Seiten

Gründe

Gedichte. Eine Auswahl aus dem Gesamtwerk

Herausgegeben von Klaus Wagenbach.
Die politisch argumentierenden und die Liebesgedichte, die sprachschöpferischen und die sprachspielerischen Gedichte, die Natur- und die Protestgedichte: ein Wegweiser durch das lyrische Werk.
SVLTO. Rotes Leinen. 168 Seiten

Als ich mich nach dir verzehrte

Gedichte von der Liebe

Die schönsten Gedichte von der Liebe aus dem Gesamtwerk Erich Frieds.
Diese Gedichte suchen die heutigen Orte der Liebenden auf, auch wenn sie vom Beton der inneren und äußeren Landschaften manchmal ganz zugeschüttet zu sein scheinen.
SVLTO. Rotes Leinen. 96 Seiten

Beunruhigungen

Lakonische Streit- und Liebesgedichte: Beunruhigungen angesichts der Fragen nach Freiheit, Liebe und Wahrheit.
Quartheft 129. 96 Seiten

Das Unmaß aller Dinge

Fünfunddreißig Erzählungen

Von der Veränderung, vom Weggehen, von Irrtümern. Von den seienden und den nichtseienden Dingen, denen wir Maß sind.
Wagenbachs Taschenbuch 179. 104 Seiten

So kam ich unter die Deutschen

Wie zerrissen, wie fremd leben wir im eigenen Haus?

Gedichte über deutsche Angelegenheiten.
Wagenbachs Taschenbuch 183. 128 Seiten

Lysistrata

Die Komödie von Aristophanes

Neu übersetzt von Erich Fried.
Das Thema ist alt. Aristophanes gab ihm Form und Namen: Der Streik der Frauen gegen den Krieg der Männer.
Wagenbachs Taschenbuch 206. 144 Seiten

Vorübungen für Wunder

Gedichte vom Zorn und von der Liebe

Aus der Welt des späten Erich Fried: Liebesgedichte und Zorngedichte, Gedichte des Zuspruchs und Gedichte über die Zukunft.
Wagenbachs Taschenbuch 250. 128 Seiten

Anfragen und Nachreden

Politische Texte

Herausgegeben von Volker Kaukoreit.
Dieser Band sammelt die wichtigsten politischen Texte, die bis dahin sämtlich nicht mehr zugänglich waren: Sie erschienen entweder in längst vergriffenen Büchern, Anthologien oder in ›alternativen Medien‹, auch einige Kommentare für das ›German Soviet Zone Programme‹ der BBC wurden aufgenommen.
Wagenbachs Taschenbuch 231. 288 Seiten

Die Muse hat Kanten

Aufsätze und Reden zur Literatur

Herausgegeben von Volker Kaukoreit.
Eine Sammlung der wichtigsten Texte Erich Frieds zur Literatur, darunter zahlreiche verschollene oder bisher nicht gedruckte.
Wagenbachs Taschenbuch 246. 240 Seiten

Unverwundenes

Liebe, Trauer, Widersprüche

Wir verwinden viel, sagt man. Was aber, so fragen diese Gedichte, bleibt *unverwunden?*
Wagenbachs Taschenbuch 251. 80 Seiten

Am Rand unserer Lebenszeit

Gedichte von der unbeholfenen Wahrheit, die manchmal an die Stelle der Gunst des Wortes tritt, unverbessert und unverbesserlich.
Wagenbachs Taschenbuch 261. 80 Seiten

Einbruch der Wirklichkeit

Verstreute Gedichte. 1927–1988

Vergessene, verlorene, verschenkte Gedichte: von der frühen »Wunderkinderzeit« bis zu späten Gedichten.
Wagenbachs Taschenbuch 262. 96 Seiten

Verstandsaufnahme

Einundsechzig Gedichte, gelesen vom Autor

Eines der wenigen Tondokumte Erich Frieds, auf Kassette.